2017中国农村
互联网应用报告

上海财经大学"千村调查"项目组

上海财经大学出版社

图书在版编目(CIP)数据

2017中国农村互联网应用报告/上海财经大学"千村调查"项目组.
-上海:上海财经大学出版社,2018.12
ISBN 978-7-5642-3165-1/F·3165

Ⅰ.①2⋯ Ⅱ.①上⋯ Ⅲ.①农村-互联网络-应用-研究报告-中国-2017 Ⅳ.①F323 ②TP393.4

中国版本图书馆CIP数据核字(2018)第262418号

□ 责任编辑　朱静怡
□ 封面设计　张克瑶

2017中国农村互联网应用报告

上海财经大学"千村调查"项目组

上海财经大学出版社出版发行
(上海市中山北一路369号　邮编200083)
网　　址:http://www.sufep.com
电子邮箱:webmaster@sufep.com
全国新华书店经销
江苏凤凰数码印务有限公司印刷装订
2018年12月第1版　2018年12月第1次印刷

710mm×1000mm　1/16　12印张(插页:2)　190千字
定价:58.00元

项目组成员

组　　　　长：岳劲峰
常务副组长：黄海量
问卷与报告撰写组：劳帼龄　崔丽丽　曾庆丰
　　　　　　　　　张　娥　田　博　井然哲
　　　　　　　　　芮廷先　王炳雪
项目秘书组：王云鹏　陈奕蓉
数据保障组：韩冬梅

前言

2017年是上海财经大学建校100周年,也是学校品牌项目"千村调查"创办第十年。作为具有里程碑意义的一届项目,信息管理与工程学院的课题组选择了具有鲜明时代特征的"农村互联网应用状况"作为2017年千村调查的主题。项目在全国31个省、市和自治区(除港、澳、台地区)展开调研,内容涵盖农村互联网基础应用、农村消费用品网购应用、农村农资农具网购应用、农村网络销售应用、农村数字普惠金融应用、农村网络政情政务应用、农村网络社交沟通应用、农村网络教育培训应用八个方面,累计获得问卷10 381份。在酷暑季节里,项目组的老师们辛勤投入,反复斟酌问卷,倾力培训学生,带领学生走千村进万户,掌握了农村互联网应用的第一手资料。

以本次千村调查的数据为基础,结合十年来的数据积累,2018年6月28日上海财经大学隆重发布《2017中国农村互联网应用报告》。这是自习近平总书记在党的十九大提出"乡村振兴"战略以来,首次由高校基于面向全国的农村基层调研,发布"互联网+"与"乡村振兴"相结合的大调研报告。上海财经大学"千村调查"项目不仅为大学生搭建了一个社会实践的平台,更为深入研究我国"三农"问题提供了宝贵的第一手资料。该报告的发布,对于以数字化助推乡村振兴具有重要的意义。项目组的老师们用自己的专业技能对问卷设计的相关专题调研内容进行了仔细的解读和分析,既呈现了中国农村互联网应用的真实场景,又剖析了导致问题的原因,进而提出了解决问题的建议。

我们欣喜地看到,互联网已经在中国广大农村有了一定的普及,手机使用率达92.98%,互联网覆盖率达62.19%,且地区差异不大。这说明互联网在农村应用前景广阔,并且有进一步提升的空间。这为农村经济的改善提供了弯道超车的机会。但是,我们的调查也发现,农村在互联网应用方面还存在明显的困难和障碍,缺乏人才和技能是通病。即使在互联网已经覆盖的地区,很多农民还是不知道怎样使用,更不知道怎样用互联网及其相关技术提升生产经营和生活;农民普遍认为智能手机费用偏贵,缺少指导帮助他们使用互联网的人员和培训;在政务和管理方面,互联网的使用和利用也有待加强……上述这些发现不仅帮助我们了解农村的现状,也帮助我们思考如何培养对经济发展有用的互联网数据时代人才,并制定相应的人才培养计划。同时,相信这份报告中的数据和分析也会对国家农村政策的制定提供参考和依据。

农村是国家稳定的基石。过去40年里农村劳动力人口向城市的转移,一方面为中国经济腾飞提供了劳动力的保证,另一方面也对农村传统社会结构、邻里关系、人伦道德等变化起到深刻影响。互联网在这种变革中的作用是一个技术性的工具还是突破性的工具,其产生了怎样的正面和负面影响,起到了怎样的作用,这些问题都值得进一步思考和探究。面对这个新技术,农民也需要有一个从恐惧到喜欢的转变过程。而如何介入和控制,使其往好的方面转变,相关资源应该如何使用和优化,都是需要认真思考和调研的。我希望在以后的千村调查中,我们会持续地努力来回答这些问题。

2017年的酷暑时节正是老师们带着同学们忙碌的时候。而今老师们捧出了这一份沉甸甸的报告,其呈现的不仅是数据的汇集和分析,更是老师们对祖国的一片赤子之心。最后,我向劳帼龄、崔丽丽、曾庆丰、张娥、田博、井然哲、芮廷先、王炳雪等设计问卷和撰写报告的老师,项目秘书王云鹏、陈奕蓉老师,数据保障组韩冬梅老师,参与调研和学生培训的何志强、向勤、陈春霞、陈岗、吴珊、李庆广、魏玮、张丽慧等老师,以及参与调研的同学们表示由衷的感谢和致敬!

岳劲峰
上海财经大学2017"千村调查"项目首席专家
2018年7月

目录

报 告 篇

第一章　中国农村互联网应用状况总报告　/3

1.1　2017年农村互联网应用状况调研内容　/3

1.2　农村互联网基础应用　/4

1.3　农村消费用品网购应用　/5

1.4　农村农资农具网购应用　/7

1.5　农村产品网络销售应用现状　/8

1.6　农村数字普惠金融应用现状　/10

1.7　农村网络政情政务应用　/11

1.8　农村网络社交沟通应用　/13

1.9　农村网络教育培训应用　/14

1.10　基于调研的建议　/16

第二章　农村互联网基础应用报告　/17

2.1　农村互联网基础设施调研内容　/17

2.2　以村为单位的农村互联网基础应用现状　/18

2.3　以村民为对象的农村互联网基础应用现状　/23

2.4　农村各类互联网应用的使用现状　/28

2.5 推动农村互联网基础应用的政策建议 /35
2.6 结语 /37

第三章 农村消费用品网购应用报告 /38
3.1 农村消费用品网购应用调研内容 /38
3.2 农村消费用品网购应用现状 /39
3.3 农村电子商务消费的问题 /40
3.4 推进农村电子商务消费的建议 /47
3.5 结语 /49

第四章 农村农资农具网购应用报告 /50
4.1 农村农资农具网购调研内容 /50
4.2 农村农资农具网购现状 /51
4.3 农资网购市场发展建议 /56
4.4 结语 /58

第五章 农村网络销售应用报告 /60
5.1 农村网络销售调研内容 /60
5.2 以县为单位的农村网络销售现状 /61
5.3 以村民为对象的农村网络销售情况 /62
5.4 推动农村网络销售发展的建议 /73
5.5 结语 /74

第六章 农村数字普惠金融应用报告 /76
6.1 农村数字普惠金融调研内容 /76
6.2 农信社、邮储行、农商行是农村地区金融服务的主力机构 /78

6.3 农村数字普惠金融的地区差异明显 /81

6.4 农村数字普惠金融服务停滞不前的供需双方原因分析 /83

6.5 重视供需匹配,推进农村数字普惠金融发展的对策与建议 /86

6.6 结语 /87

第七章 农村电子政务应用报告 /88

7.1 农村电子政务调研内容 /88

7.2 农村电子政务应用现状 /89

7.3 农村电子政务发展存在的主要问题 /96

7.4 推进农村电子政务发展的对策建议 /97

7.5 结语 /99

第八章 农村网络社交沟通应用报告 /100

8.1 农村网络社交调研内容 /100

8.2 农村网络社交应用现状 /101

8.3 推进农村网络社交清朗平台的政策建议 /105

8.4 结语 /106

第九章 农村"互联网+教育"培训应用报告 /108

9.1 农村"互联网+教育"培训调研内容 /108

9.2 农村"互联网+教育"培训现状 /111

9.3 农村"互联网+教育"培训情况不佳的原因分析 /115

9.4 农村"互联网+教育"培训需求分析 /119

9.5 借"互联网+教育"构建持续学习型新农村对策建议 /122

9.6 结语 /126

第二部分　十年大数据分析篇

第十章　十年千村大数据分析报告　/129

10.1　千村十年，我们的足迹　/129

10.2　千村十年，见证一个乡村的变迁　/134

10.3　千村十年，大都市的乡村振兴　/140

10.4　千村十年，行走在世界级生态岛　/145

10.5　千村十年，为乡村振兴献良策　/150

10.6　千村十年，在那桃花盛开的地方调研暨建议　/154

10.7　千村十年，总书记关心的"小事情"　/162

10.8　千村十年，农村普惠金融"成色几何"　/167

10.9　千村十年，青藏高原上的乡村变迁　/172

10.10　千村十年，路　/178

报告篇

当前中国经济社会的发展存在明显的"二元结构"问题,这种二元结构表现在中国城乡之间、东西部之间的多个方面。城乡之间的二元结构既存在于传统的社会经济领域,也存在于互联网发展领域。随着智能手机的普及,移动互联网应用已经成为农民生活、生产中必不可少的组成部分。重视和加强农村互联网基础设施建设及其应用发展,不仅能有效地缩小城乡"数字鸿沟"、消除城乡之间的信息壁垒、化解二元结构的诸多矛盾,同时也是以数字化助推乡村振兴的重要抓手。

2017千村调查报告由总报告(第一章)和八篇专题应用报告(第二至第九章)组成。

第一章

中国农村互联网应用状况总报告[*]

随着智能手机的普及,移动互联网应用已经成为农民生活、生产中必不可少的组成部分。2018年中央一号文件明确提出:实施数字乡村战略,做好整体规划设计,加快农村地区宽带网络和第四代移动通信网络覆盖步伐,开发适应"三农"特点的信息技术、产品应用和服务,推动远程医疗、远程教育等普及,弥合城乡数字鸿沟。

课题组根据2017年千村调查的一手数据,重点梳理了农村互联网应用现状和存在问题,并提出发展建议:实施数字乡村战略,为乡村振兴插上互联网的翅膀。

1.1 2017年农村互联网应用状况调研内容

"千村调查"项目是上海财经大学以中国农村社会经济状况为对象的系列调查项目,2017年的调查主题是"中国农村互联网应用状况"。问卷涉及与互联网应用有关的八个方面:互联网基础情况、农村消费网购、农村农资网购、农产品网络销售、普惠金融应用、政情政务应用、网络社交应用、农村教育培训。

项目在全国31个省、市和自治区(除港、澳、台地区)展开,主要包括:教师带队定点调研,县域问卷30份,入村问卷186份,入户问卷4 744份;学生自

---

[*] 项目组成员(按姓氏笔画):王炳雪、井然哲、田博、芮廷先、劳帼龄、张娥、崔丽丽、曾庆丰。

主返乡调研，入村问卷 417 份，入户问卷 5 004 份。两项合计，县卷 30 份，村卷 603 份，户卷 9 748 份，共计问卷 10 381 份。

1.2 农村互联网基础应用

农村互联网基础设施，是农村互联网应用的重要基础部分，是本次调研的重点内容。它包括农村移动通信应用、宽带覆盖情况、互联网普及率、网络公共服务的提供、地区差异、农村网民特征与诉求、农村网民的互联网应用情况等内容。

本部分内容，依据 603 份入村问卷和 9 748 份入户问卷进行分析。

本部分的对比数据，来自中国互联网络信息中心公布的 2017 年城镇数据和 2015 年农村数据，这是迄今为止通过公开渠道能获得的最权威数据。

1.2.1 村级面上情况

从 603 个村庄的调研数据看，虽然作为基本通信工具的固话普及率在农村地区并不高，仅为 29.24%，但移动通信给了农村地区弯道超车的机会，92.98% 的家庭拥有手机，尤其是原来固话普及率最低的西部地区赶超最为明显。农村地区的家庭电脑拥有率平均为 44.37%，农村家庭互联网普及率为 62.19%，且地区差异不明显，说明移动通信、手机普及给农村地区带来了进入互联网大家庭的机会。中国电信在农村地区的占有率最高，但各家运营商在不同地区又各有千秋，4G 网络已覆盖 88.43% 的被调研村庄，其中西部地区相对较低。从调研数据看，村委会可以通过专线/Wi-Fi 上网的比例为 85.15%，以村为基础的公共服务（包括村委会为村民提供公共电脑服务或是由能够上网的村委会为村民提供公共网络服务）有地区差异，其中东北地区相对落后。

1.2.2 农户面上情况

从 9 748 份入户调研的数据看，"不会使用互联网"是村民不上网的最主要原因。从调研样本所反映的农村网民基本特征看，性别比例与城镇、全国农村比基本相似，但年龄结构和学历结构分布比例相对偏高于全国数据。智能手机成为农村网民上网主要设备，且从千村调研的样本看，智能手机上网率已基本追及城镇，手机成为小乡村连接大世界的窗口。从调研数据看，农村网民的手机资费主要集中在 10～50 元和 50～100 元区间段，两项占比达 72%，与农村家庭收入水平相比，村民认为上网费用过高。

1.2.3 各类应用情况

从农村互联网各类应用的使用情况看，高居榜首的是社交应用，有 95.9% 的网民使用微信、QQ 等社交软件，该应用比例比城镇数据更高，可见微信等即时通信工具在村民中扮演了重要的角色。从交流沟通类应用的地区比较看，基本无地区差异。使用率在 50% 以上的应用还包括：影视、新闻、购物、音乐、信息查询。调研数据表明，互联网络就如其"信息高速公路"的美誉，已成为农村网民传递和满足物质与精神需求的主要载体。从各类应用的地区对比看，东北地区相对落后。

1.3　农村消费用品网购应用

农村电子商务消费是信息化技术迅速发展以及农民消费观念改变的必然结果，也将促进农村的发展和农村消费水平的提升。农民能够更多地享受到和城市居民相同或类似的产品及服务，在一定程度上缩短城乡之间的差距，是中国特色乡村发展的必然探索。

根据"千村调查"项目的有关问卷指标进行数据分析发现，尽管农村电子商务消费的发展势头良好，但是所表现出的状态仍存在一些问题。

目前存在的最主要问题是物流服务不到位。相比于传统商务，电商的最大优势应该就是便捷，"送货上门"也一直是电商主打的特色。然而，由于农村物流点少，村民网购的产品只能快递到乡里，需要村民自取，"送货上门"无法实现，实在是很不方便。总结问题如下：

1.3.1　电子商务消费规模较小

调查中我们发现，在"周围使用网络购物的人群数量"问题中，仅有 14%

的被调查者选择"非常多"选项,证明网络购物的群体还远远没有形成规模。

目前,农村电商消费产品的种类丰富,包括服装、日用百货、家电、食品、家具建材、数码产品、农用物资、儿童玩具等,但是购买力非常有限,农村电商消费的主要目标依然在满足生活需求方面。

根据调查显示,虽然网络消费的产品种类较多,但网络消费中用于购买生产资料的比例偏低,可见,农民对于通过网络消费改善生产条件的意识依然比较淡薄。

1.3.2 各地区电子商务消费发展不平衡

根据对不同地区农村电子商务消费调查显示,地区之间有较为明显的差异。我国城乡经济发展在很长一段时间内都呈现出"二元结构"的特征,部分农村地区基础设施建设(如物流、网络、电商代购点等)相对滞后,均存在无法满足农村群众应用电子商务的情况。

农民消费者对综合类大平台的认可度较高,对有针对性的垂直类网站的认知度较低。

1.3.3 移动设备上网人数远多于固定设备

在对调查结果的分析中发现,大部分农村居民选择手机上网,占总人数的90.81%,反映了目前移动网络的普及率较高,但上网方式在一定程度上会影响网络消费的水平。

1.3.4 文化程度较低,电子商务意识淡薄

调查结果显示,互联网的应用以社交(微信)为主,对电子商务认知程度比较低,电子商务意识也非常淡薄。

1.3.5 对电子商务消费的信任程度偏低

由于文化结构和信息传递相对闭塞等原因,农民对电商消费的信任感仍然较低。我国东西部经济发展很不均衡,东部节奏快,信息传递也快,西部欠发达地区节奏慢,信息传递也慢,互联网使用率差距非常大。

通过调查发现,农村网民规模持续增长,互联网普及率逐年增高,农村网

络零售规模也呈现增长态势,2017年上半年,农村实现网络零售额5 376.2亿元,较2016年同期增长38.1%。2018年中央一号文件提出乡村振兴战略,再一次强调了要重视乡村电子商务建设。在政府政策不断激励、阿里巴巴等电商巨头潜入农村、基础设施积极完善、农村市场不断升温等各种因素的共同推动下,农村电商消费迎来了新一轮的春天,进而改变了商品在农村范围的流通方式,电子商务必将成为农民购物消费的新渠道。

1.4 农村农资农具网购应用

在农资网络采购方面,34.88%的被访农户曾经或者愿意在网上采购需要的农资农具或其他经营活动所需的生产资料,但当问及未来网购农资农具的增量可能的占比情况时,持平的占50.79%,增量在50%以上的占22.97%,增量在一倍以上的占18.65%。可见,农资农具网购市场潜力巨大。

1.4.1 农资网购规模还比较小

在受访农户中,只有34.88%的农户表示曾经或者愿意在网上采购需要的农资农具或其他经营活动所需的生产资料。造成农资农具网购比例偏低的原因,一方面可能是因为宣传推广力度不够,通过网络渠道能够购买的信息知晓度不高;另一方面可能是农户还没有改变原有的线下购买习惯。

1.4.2 农资网购产品品类比较丰富

在曾经或者愿意在网上采购需要的农资农具或其他经营活动所需的生产资料的受访农户中,品类涉及种子/种苗(占比33.91%)、化肥/饲料(占比28.71%)、农用薄膜等生产用资料(占比18.22%)、小型农机具(占比17.79%)、大型农机具(占比1.37%)。可见,农资农具网购产品品类丰富多样。

1.4.3 农资网购渠道较多

在有过农资网购经历的受访农户中,在选择农资网购渠道时,随着一些大型电商平台农资业务市场的拓展以及一些专业农资电商平台的出现,农资网购渠道不断增多,农资网购渠道有多种选择比较,极大地方便了农民的农业生产。

1.4.4　农资网购价格优势明显

在农资网购价格方面,根据问卷分析,发现网上农资价格优势明显,其中,比线下价格水平低10%的占比36.37%,比线下价格水平低10%～20%的占比19.62%,比线下价格水平低20%～30%的占比7.21%,比线下价格水平低30%以上的占比2.44%。可见,线上农资价格普遍低于线下,价格优势比较明显,这是吸引农户网购农资的一个主要驱动力。

1.4.5　县级农资网购主体单一

从县级调查问卷来看,县级层面通过网络集中采购农资农具或其他经营活动所需要的生产资料占比为29.03%,相对还比较低。县级层面通过网络集中采购农资农具或其他经营活动所需要的生产资料的部门主要为供销社,占比88.89%。县级农资网购主体单一,没有打破传统的农资市场单一化主体的局面,农户的线下农资采购的自主选择权还比较有限。

1.5　农村产品网络销售应用现状

在农村地区以平台商户为主要形式开展网络销售的农户在广大农村中仍属于少数。本次调查中开展网络销售的农户数量约为调查数量的10%～12%。这一占比呈现出从东部向中西部逐渐降低的趋势,这与目前我国农村电子商务发展的地区差异情况一致。

1.5.1　县级面上情况

2016年全部定点调查县域的网络销售总额接近520亿元。几乎全部县域或大多数县域都已经针对本地电子商务发展成立了相应的领导机构,相关职能部门(如工信、经济与商务、人力资源与社会保障等)均已出台了相关的扶持政策。然而,在电子商务公共服务和电子商务公共服务平台方面,仅有半数左右的县域提供了这方面的服务。在金融机构针对电子商务经营开展的贷款业务方面,一半的县域认为本地大多数金融机构对创业贷款比较谨慎,步子迈得比较慢,怕创业失败带来贷款损失;仅有三分之一的县域认为本地金融机构针对创业贷款的扶持相对比较到位,产品设计和贷款流程能够基本符合创业者的需求。除乐陵市以外,其他定点调查县均已出现网络销售商。电子商务生态构建在东部地区较为健全。

1.5.2 农户层面情况

通过互联网销售的非农产品略多于农产品,且地区差异明显。这在一定程度上表明,我国自 2014 年开始的电子商务进农村工程在推动农产品网络销售方面取得了一定的成效。同时,农产品与非农产品的销售在不同地区之间差异明显,基本呈现中东部发达地区以非农产品销售为主、西部与东北欠发达地区以农产品销售为主的特征。

通过互联网销售的产品主要来源于本地,占比达到 83.76%。在这些本地产品(含农旅服务)中,与农产品相关的产品与服务主要还是来源于零散农户,占比 40%,这在一定程度上说明目前农业生产分散的现状并没有显著改变。而且,这种情况在欠发达地区最为明显。

网络销售意识逐渐提升,欠发达地区开始显现后发优势和政策扶持效应。在销售策略方面,较多农户有自己的方式方法,20%左右的农户仍处于"跟着感觉走"的状态,需要有一定的引导。在产品宣传手段方面,欠发达地区的东北和西部地区表现出一定的"后发优势"和政策倾斜优势,使用新兴互联网传播手段的较多。

电子商务周边产业逐渐成熟,网络销售发展的瓶颈仍是专业技能与知识和经营资金。物流快递基本可以覆盖,但在西部地区个别收寄频率较低。专业技能与知识、经营资金和专业服务资源成为各地区发展网络销售的最大难题。经营资金的主要来源仍是传统的亲友之间融资,占比接近 60%。

绝大多数开展网络销售的农户属于小微经营,多为家庭内部用工形式。从事网络销售以后家庭收入增加或显著增加的占 50%以上,认为创业与就业环境有较大的改善的占 60%以上。网络销售的发展对于经济状况的改善、留守问题的解决最为显著,同时对基础设施、地区知名度等其他方面也有积极作用。

1.6 农村数字普惠金融应用现状

互联网普惠金融,又称数字普惠金融。农村数字普惠金融,作为农村互联网应用的重要领域,是本次调研的重点内容。它包括农村数字普惠金融的知晓情况、农村网民对于数字普惠金融的使用意愿、数字普惠金融目前在农村地区的使用情况和地区差异,以及农村金融服务机构现状等内容。

本部分内容,涉及两个不同年份的比较,比较样本来自 2015 年的 766 份村问卷和 2017 年的 603 份村问卷,对于 2017 年的分析,数据来自 2017 年的 30 份定点县问卷、603 份村问卷和 9 748 份入户问卷。

1.6.1 农信社、邮储行、农商行是农村地区金融服务的主力机构

结合 2015 年、2017 年两次千村调研数据看,农信社、邮储行、农商行是农村地区金融服务的主力机构。2017 年高居榜首的农村信用社占比 29.1%,第二名邮储行占比 20.5%,第三名四大银行(中、农、工、建)占比 18.6%。但从单体看,应关注第四名农商行的快速上升,占比 17.9%。

1.6.2 农村数字普惠金融的地区差异明显

从 2017 年 9 748 份入户调研数据分析,参与千村调查的农村网民中,对于互联网普惠金融的平均知晓度为 87.51%,使用度为 81.21%。从地区比较看,东北地区落后明显。

以面向农村的小额贷款,在放贷后其还贷或续贷是否可以通过互联网进行,以及通过互联网进行的农村放、还、续贷业务占整个面向农村小额贷款业务的比例等内容,针对定点县金融机构进行调查,结果显示,东北地区(占比为0)金融机构在互联网金融业务普及上落后于其他地区。这也间接解答了该地区农户在知晓度和使用度上落后的原因。

1.6.3 农村数字普惠金融的认知并不普及

虽然当问及互联网普惠金融应用问题时,87.51%(定点的比例更高,为91.89%)的被访者听说过,且81.21%的被访者使用过,但是当仔细询问其使用情况时,得到的大多数回答都是"只使用过支付宝/微信支付"。在农户眼中,对于互联网普惠金融的认识大多仅止于支付宝/微信支付,普惠金融的认知似乎并不普及。

1.6.4 农村数字普惠金融服务停滞不前是供需不匹配所造成

农村数字普惠金融服务停滞不前的原因需要从供需两方面来进行分析。

需方——农户存在普遍学历低、收入水平低、信任感低、互联网技能低四个问题。信任感低最明显的表现是,对于目前尚未使用普惠金融的农户,当询问"即使有普惠金融,你也不使用的原因是",33.13%回答"不安全"。而互联网技能低的直接表现是,对于目前尚未使用普惠金融的农户,当询问"即使有普惠金融,你也不使用的原因是",44.99%回答"不会用"。调查显示,农民对于互联网使用技能培训的渴望程度高达72.98%,但却很少有机会得到这类培训。

而供方——金融机构则存在对农户的特殊性了解不够、让农民觉得透明度不够、适合的产品设计不够、产品推广力度不够四个问题。调查中农户有16.21%选择了需要在操作方便方面改进,14.77%选择了需要完善使用帮助或辅助。调查显示,在已经使用普惠金融产品的农户中,若剔除个人消费这一应用点,围绕购买化肥农药、经营中的资金周转、教育医疗、财富增值等应用点,有60.87%选择了经营中的资金周转,可见,农业生产相关经营中的资金支持是对"三农"最重要的支持。若撇开安全因素,围绕使用问题,31.29%的被访者认为与是否有合适的产品有关。

需求方的四个"低"严重影响了农户对普惠金融的认知和采纳,供给方的四个"不够"则直接影响了农村普惠金融的推广。

1.7 农村网络政情政务应用

电子政务是指政府部门利用各种信息技术创新性地提供政务服务,如政府门户网站、政务微博、政务微信、手机政务客户端等。尽管近几年各级政府都在积极推进电子政务的发展,但是长期存在的城乡二元结构,使城镇与乡村存在较大的"数字鸿沟",并影响农村电子政务的发展进程。

1.7.1 城乡间网络硬件基础设施的"数字鸿沟"在缩小

从2017年千村调查受访农户分析来看,近年来,城乡之间网络硬件基础设施的"数字鸿沟"在缩小,接近100%的农户家中拥有上网电子设备,超过70%的农户同时拥有电脑与智能手机,这主要得益于智能手机的快速普及与移动互联网的发展。但目前农村电子政务应用覆盖率还有待提高,仍有28%的行政村还没接入电子政务系统应用,尤其以中西部农村地区突出,电子政务应用发展潜力还很大。

1.7.2 农村电子政务普及率和使用率都较低

在受访农户村中,只有49%的行政村借助过电子政务系统或网络应用(如微信、QQ)直接传达政策信息。仅16%的受访农户表示曾经直接通过政府网络系统办理过事情,但有73%受访农户会通过新闻网站浏览获取政府相关政策信息,农户对政策信息了解的愿望还是很强的。农村电子政务发展的普及与使用都有待提高。

1.7.3 农村电子政务服务质量有待提高

农村电子政务应用主要聚焦于行政办公功能,包括政策信息传达、政府文件流转、身份证/社保卡等证件的申请,缺乏对农户们生产、生活、农业和就业等方面提供综合信息化服务,没能凸显电子政务在节约时间和精力、便利服务和降低成本等方面的优势。服务质量不高也是电子政务使用率不高的重要原因,本次调查显示,只有16%的农户通过电子政务系统缴纳过社保、医保或税费等,申请过各类补助、补贴、奖励资金等;只有39%的行政村利用官方的微博账号或者微信群进行宣传本村或本地的特色产品/旅游。电子政务能否为广大的农户带来更丰富的服务内容是我国电子政务在农村应用的关键。同时,随着移动互联网时代到来,农村移动政务应用能力有待提高。59%农户家庭有在外务工人员,只有49%的行政村会使用微信、QQ等应用来推动移动互联网等新技术在电子政务的应用。仅仅依靠传统行政方式,很难服务好这些流动性农村人口。

1.8 农村网络社交沟通应用

农村网络社交作为农村互联网应用的重要组成部分,也是重点调查对象。它包括农村网络社交应用与使用习惯、网络社交信任、网络社交范围和使用影响与效果等内容。

1.8.1 青少年是农村网络社交平台的活跃主体

互联网、电脑和移动智能手机成为青少年了解社会、结交朋友的主要方式。青少年网民主要通过微信朋友圈、QQ空间、微博、知乎、豆瓣、天涯社区等社交平台表达观点、发表意见。其中,91.23%来自移动端。

1.8.2 中国农村社会的信任机制是构建在亲情与友情基础上的信任

在受访的9 748个农户家庭中,通过网络社交(微博、微信、QQ空间等)经常联系的家人占86.66%,朋友占87.52%,老乡占27.28%,通过网络交友平台结交陌生人/网友的占4.80%。所以,网络社交的人群以家人、朋友和老乡为主。对网络社交媒体(微博、微信、QQ空间等)发布的内容态度调查中,绝大部分选择信任。网络社交媒体(微博、微信、QQ空间等)发布的内容与传统广播、电视和报纸发布的内容相比,多数人认为可以接受,但不完全信任。

1.8.3 农村"网络群众路线"的实施率不高

在受访的9 748个农户家庭中,9.25%的农户通过网络社交媒体与村干部保持联系。在获取国家及政府的各类消息时,主要通过村广播站和村干部告知。在受访的186个行政村中,56%的行政村有官方的微博账号、公共邮箱或者微信群,主要用于宣传本村的政策信息、民生信息以及商业特色产品与旅游,但是信息更新频率比较低。对于社会热门话题以及与自身利益相关的公共事务问题,会在公共平台(如微博,微信等)让村民积极参与讨论或者留言,从而监督社会各部门相关职能,这种情况经常使用的占 12.36%,偶尔和不使用的占绝大多数。

1.8.4 传统媒体相比,网络社交媒体是农民获得消息的主要渠道

与传统的传播媒介(报纸、广播、电视)相比,网络成为农户获取信息的主要渠道。主要通过手机上网(使用最多的手机应用是微信、QQ 等即时通信功能),其次是网络新闻,之后依次是手机搜索、网络音乐、网络视频和微博等。

1.8.5 村民通过网络参与社会讨论的积极性较高,但没有引起社会的关注

社交网络是因亲情、友情或相同的兴趣爱好在网上聚集。与传统媒体相比,新媒体最大的传播特点是个人性、交互性和参与性。农村网民也喜欢使用社交媒体积极分享个人见解,由于他们的知识结构和信息获取的渠道等缘故,可能出现农村网民在社交平台上表达诉求具有情绪化传播的特点,一些农村网民参与社会突发事件的动机也可能呈现出利益导向。

1.9 农村网络教育培训应用

从调查样本总体来看,农村在校儿童以小学居多,成人受教育程度以初中和小学居多,在校学生教育资源占有量相对较少。

1.9.1 农村"互联网+教育"硬件资源分布不均

农村学校互联网接入良好,调查显示中小学学校百兆网络接入率 100%,90% 以上学校内有宽带 100 兆的网络。学生电脑或者 iPad 等终端拥有量差距大,有的地区(贵州黔西南布依族苗族自治州)学校 80 人共用 1 台,而有 3 个县是 6~10 人共用 1 台。教师办公计算机资源分布不均,西部地区平均 19.6 人共用 1 台,东部地区几乎人手 1 台,中部地区 3 人共用 1 台,东北地区 2 人共用 1 台。互联网教育基础设施也是西部比较匮乏,42% 的县中有百间

以上多媒体教室的小学，86%的中小学有多媒体教室。教育系统 OA 普及率 92%，移动新媒体使用最多的是微信及公众号，其次是 QQ、微博，教育系统与网络有关信息技术维护人员占比仅为 5%。

村网络信号可达性好，有线通、中国电信、中国移动的网络信号覆盖了每个村，平均每个村有 2 家以上的网络接入信号，有一些村有 3 家运营商的网络信号。但是信号开通比例偏低，有 Wi-Fi 且密码向村民公开的，西部地区为 29%、东部地区为 22%、中部地区为 22%、东北地区为 18%。

1.9.2 互联网教育开展状况堪忧

农村组织开展的互联网教育年均次数和时长都较低。互联网应用知识培训是占比最高的互联网教育类别，其次家庭教育，第三是劳动技能培训，与经营相关技能培训需求最少。各地区农村的年平均培训次数，由东部地区向西部地区、东北地区呈递减态势。学校开展的互联网教育浅层次注册多，深层次应用少。调查显示，教师在公共教育资源平台注册用户并开通网络空间的，东北地区为 54%、东部地区为 40%、西部地区为 72%，这离 2017 年教育部要求的 90% 有较大差距。建设优课比例各地区都较低，学生开通网络空间比例也低，2017 年教育部要求的开通比例是 60% 以上。

1.9.3 村民对"互联网＋教育"功能半数知晓、三分之一用过

有使用互联网教育经历的人中有 60% 努力寻找"优质网络教育/学习渠道或资源"，他们年均花费 178 小时，约每天 30 分钟，网络教育平均花费 881 元。这说明大家对网络的优质教育资源有渴求且愿意支出，特别是一些经济情况较好的农户，过去一年最高投入达 5 000 元。

1.9.4 村民对"互联网＋教育"功能和效果认知差距大

本次调查发现，没有尝试过的人群与尝试过的人群对"互联网＋教育"功能和效果认知相差巨大。尝试过的调查对象对于互联网教育的平均正面认知远高于平均负面认知；没有尝试过的村民大都表示不愿意或不可能开展互联网教育。排除老龄化和没上网条件，进一步调查没有采用互联网教育的被调查对象提及最大阻碍原因分别是：平时农活忙、没时间上网学习，以及学习使

用这些电子产品或者上网操作有困难,即时间因素和操作壁垒影响农村"互联网+教育"的开展。

1.10 基于调研的建议

乡村振兴,是中国农村发展的绝佳历史机遇,以互联网数字化助推乡村振兴,消除阻碍农村互联网发展的因素,加大各方面投入,结合农村实际情况充分发挥互联网的优势作用,将真正做到让农村、农业、农民了解互联网、使用互联网、受惠于互联网。

根据 2017 年千村调查的一手数据,课题组在重点梳理农村互联网应用现状、存在问题的基础上,提出发展建议:实施数字乡村战略,为乡村振兴插上互联网的翅膀。具体包括:

(1)重视互联网基础设施应用,以数字化助推乡村振兴。

(2)加强宣传,提高农民网络消费意识;强化政府引导,实现农村电商统一规划。

(3)重视培育农资网购市场 推进农业供给侧结构性改革。

(4)人才培育精细化;强化区域公共品牌构建宣传与推广,并对产品实施全供应链管控;后发地区快速复制先发地区经验本地化,加强引导和培育本地电子商务服务。

(5)重视供需匹配,化解矛盾,促进农村数字普惠金融发展。

(6)以移动政务为发展核心,积极推动与第三方平台合作,提供高质量的移动政务服务。

(7)构建新时代传播社会主义核心价值观的网络文化,化解农民对高质量精神产品的渴求与缺乏村干部有效引导、监督的矛盾,发挥农村网民"意见领袖"的积极作用。

(8)借"互联网+教育"打造持续学习型新农村,夯实小康之路。

第二章

农村互联网基础应用报告[*]

当前中国经济社会的发展存在明显的"二元结构"问题,这种二元结构表现在中国城乡之间、东西部之间等多个方面。城乡之间的二元结构不仅存在于传统的社会经济领域,也存在于互联网发展领域。从获取信息和信息应用的角度来看,城乡信息技术鸿沟是加深二元结构分化的一个重要因素。重视和加强农村互联网基础设施建设及其应用发展,不仅能有效地缩小城乡"数字鸿沟"、消除城乡之间的信息壁垒、化解二元结构的诸多矛盾,同时也是以数字化助推乡村振兴的重要抓手。

课题组根据2017年千村调查的一手数据,重点梳理了农村互联网基础设施的应用现状,存在问题,并提出发展建议:重视互联网基础设施应用,以数字化助推乡村振兴。

2.1 农村互联网基础设施调研内容

农村互联网基础设施,作为农村互联网应用的重要基础部分,是本次调研的重点内容。它包括农村移动通信应用、宽带覆盖情况、互联网普及率、网络公共服务的提供、地区差异、农村网民特征与诉求、农村网民的互联网应用情况等内容。

[*] 执笔人:劳帼龄。

本分报告数据,依据603份村问卷和9 748份入户问卷进行分析。

本分报告的对比数据,分别来自中国互联网络信息中心公布的2017年城镇数据和2015年农村数据,这是迄今为止通过公开渠道能获得的最权威数据。

2.2 以村为单位的农村互联网基础应用现状

村,作为中国广袤大地最基础的构成细胞,是千村调查的重要对象。本部分内容,主要基于603份村级问卷数据进行分析。

2.2.1 移动通信给了农村地区弯道超车的机会

从2017年对603个村庄的村一级调研看,固定电话在农村家庭的普及率为29.24%,东部地区最高,平均为46.39%,西部地区最低,平均为18.03%(见图2-1)。

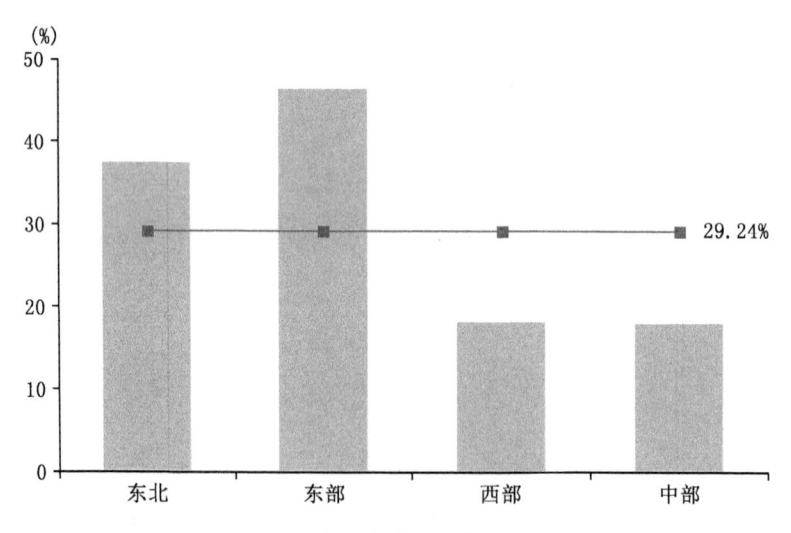

图2-1 农村家庭固定电话普及率

虽然作为基本通信工具的固定电话普及率在农村地区并不高,但拥有手机的家庭比例相当高,平均为92.98%,尤其是固话普及率最低的西部地区赶超明显。从调研数据看,目前各地区差异不大,最低的中部地区也在

91.98%,说明移动通信给农村地区带来的弯道超车能力不容小觑(见图 2-2)。

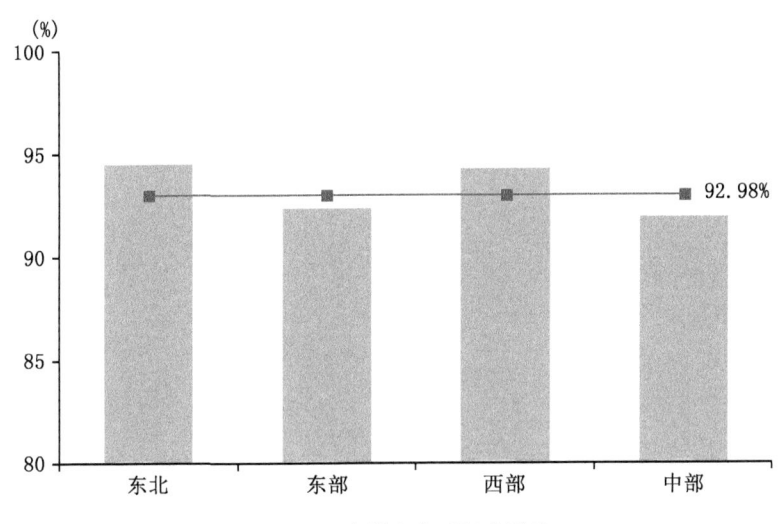

图 2-2 农村家庭手机普及率

2.2.2 家庭互联网普及率地区差异已不明显

从农村地区的家庭电脑普及率来看,平均 44.37% 的家庭拥有电脑,最高的东部地区为 57.90%,最低的西部地区为 31.05%(见图 2-3)。

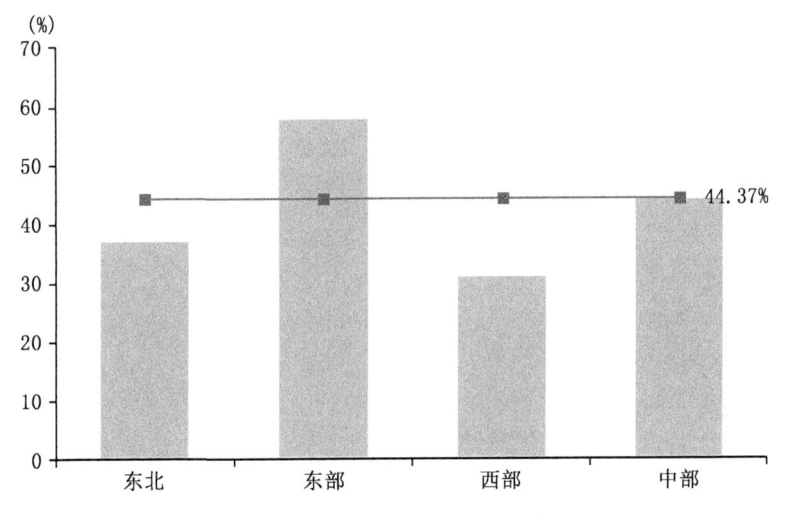

图 2-3 农村家庭电脑普及率

从农村地区的家庭上网率来看,平均有 62.19% 的家庭使用互联网,最高的东部地区为 70.03%,最低的西部地区也有 55.92%(见图 2-4)。

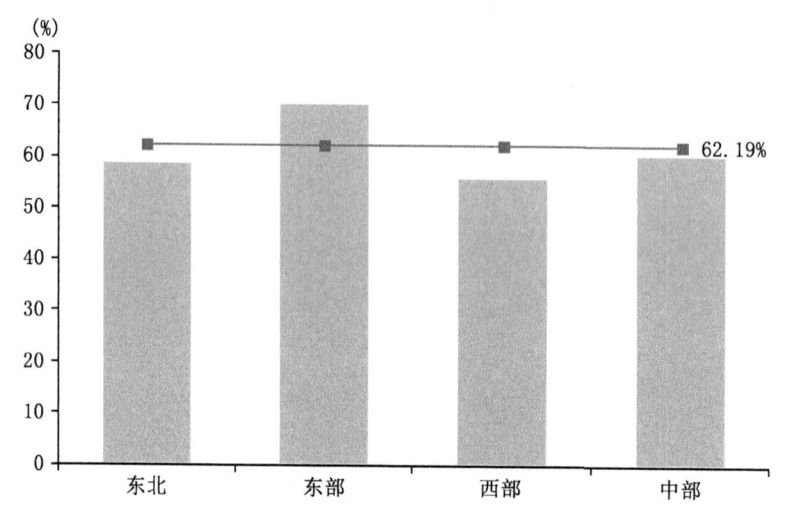

图 2-4 农村家庭互联网普及率

这些数据再次表明,移动通信、手机普及给农村地区带来了进入互联网大家庭的机会。

当然,这一数据总体看来要比中国互联网络信息中心 2017 年所公布的农村互联网普及率(35.4%)更高。分析产生差异的原因有二:一是统计口径不同,中国互联网络信息中心数据是人口数,千村调查数据是家庭数;二是不排除千村调查的农村,大部分是学生返乡所在村庄,其条件相对较好。

2.2.3 运营商在不同地区各有千秋,4G 网络覆盖西部略低

从总体来看,各运营商的占有情况从高到低依次是中国电信 ADSL、联通宽带、有线通,最高的中国电信占有率达 89.44%,但各家运营商在不同地区各有千秋(见图 2-5)。

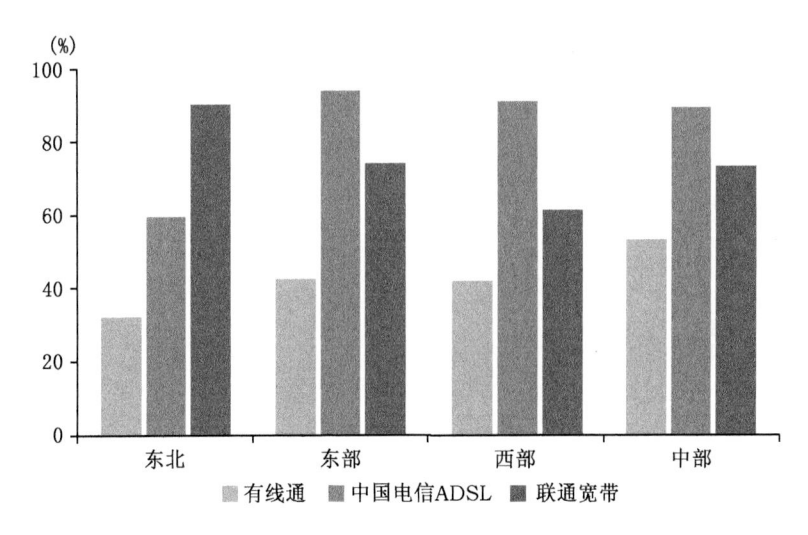

图 2-5 农村各运营商覆盖情况

从调研村庄看，4G 网络覆盖率平均达到 88.43%，其中西部地区相对较低，仅为 77.40%（见图 2-6）。

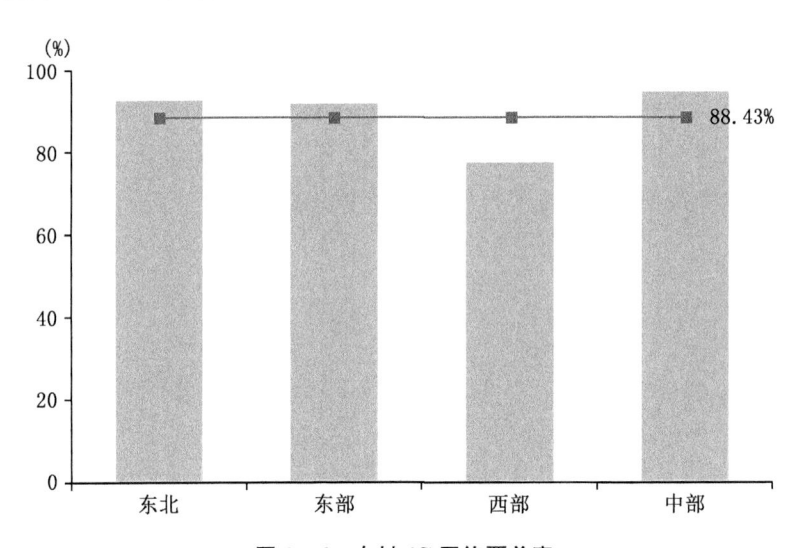

图 2-6 农村 4G 网络覆盖率

2.2.4 以村为基础的公共服务有差异,东北地区相对落后

同样从对603个村庄的村一级调研看,村委会可以通过专线/Wi-Fi上网的比例为85.15%,同时专线/Wi-Fi到户的比例也基本如此(见图2-7)。不得不说,要村村通网络,在村委会这层,就还需要努力。

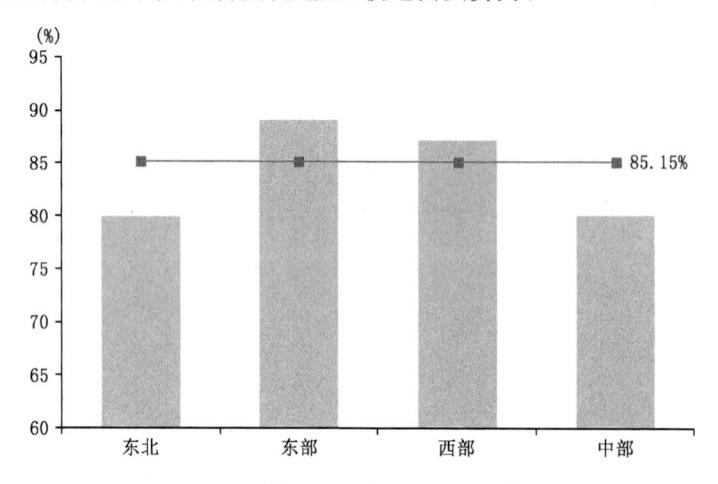

图2-7 村委会有专线/Wi-Fi上网的比例

同样从村一级来看,作为互联网公共服务设施中的基础用品——电脑,由村委会为村民配备公共电脑服务的比例为50.17%,也就是说,有一半的被调研农村提供了与互联网应用密切相关的公共电脑服务(见图2-8)。

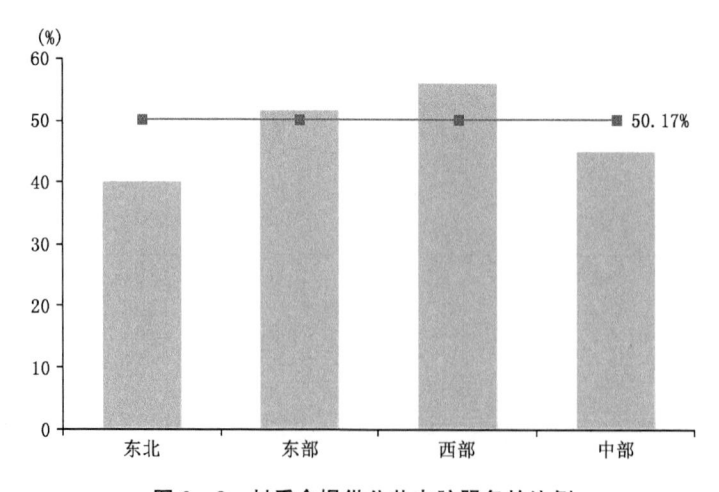

图2-8 村委会提供公共电脑服务的比例

在村委会可以通过专线/Wi-Fi 上网的农村,由村委会为村民配备公共网络服务的比例为 55.29%,也就是说,有超过一半的村委会不仅自己上网,还积极为村民提供互联网基础设施的公共服务(见图 2-9)。

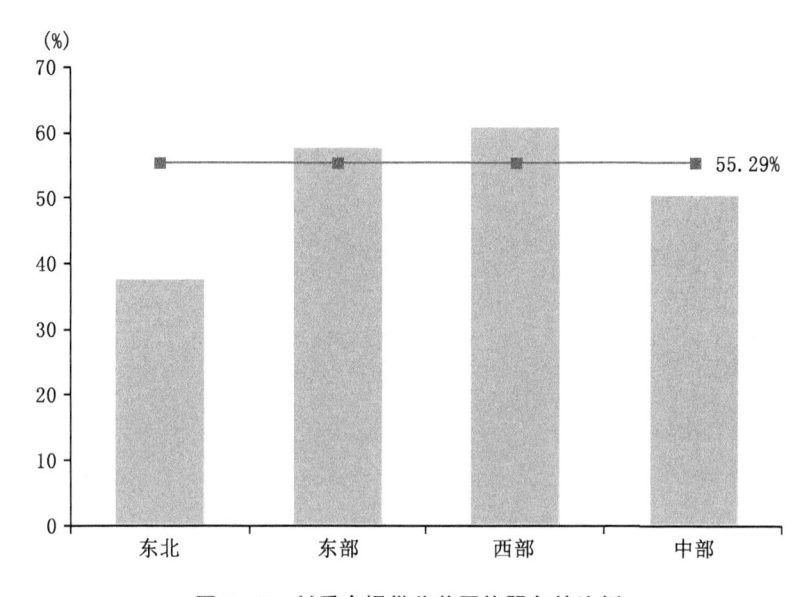

图 2-9 村委会提供公共网络服务的比例

通过以上三个数据能非常明显地看到,无论是村委会自己上网,还是村委会为村民提供公共电脑服务或是提供公共网络服务,三项调研中相对较落后的都是东北地区,这意味着东北地区的农村,在互联网基础设施及其相关公共服务方面还需要加强。

2.3 以村民为对象的农村互联网基础应用现状

本部分内容,主要基于 9 748 份入户问卷数据进行分析。从 2017 年对 9 748 户农村村民的入户调研看,农村网民在互联网基础应用方面呈现如下特征。

2.3.1 不会使用互联网是村民不上网的最主要原因

因为本次调研的特点所在,基本以网民为调查对象,占整个问卷数量的 97.48%。但调研所涉及的 2.52% 的不上网村民中,围绕不上网的原因,回答最多的是"不会",比例超过一半(见图 2-10)。可见,不上网者不是不需要上网,而是不会用互联网。

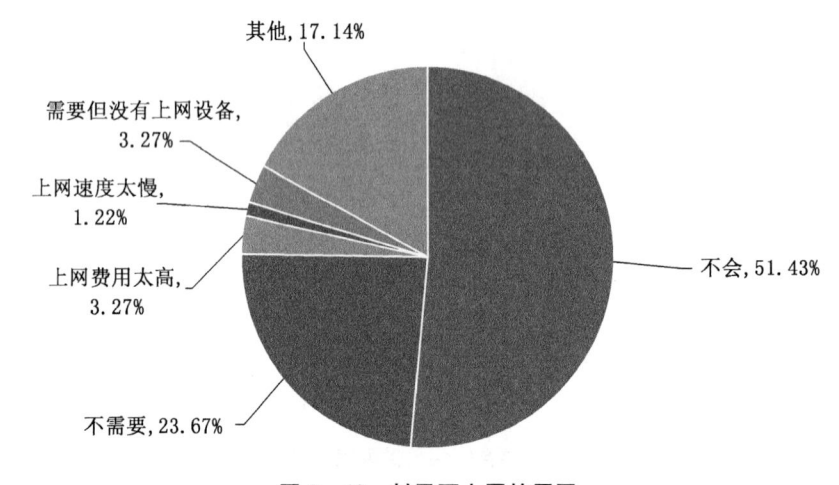

图 2-10 村民不上网的原因

以下内容均为剔除不上网数据,是对余下 9 475 份问卷的统计。其中的对比数据,分别来自中国互联网络信息中心公布的 2017 年城镇数据和 2015 年农村数据,这是迄今为止通过公开渠道能获得的最权威数据。

2.3.2 农村网民基本特征

从本次调研的情况看,农村网民性别结构为男性 54.1%、女性 45.9%,与城镇和全国农村比,占比基本相似(见图 2-11)。

从年龄构成看,与中国互联网络信息中心公布的数据对比,本次调研的年龄结构,在 40~49 岁、50~59 岁、60 岁以上的明显偏多(见图 2-12)。分析导致差异的原因,可能与千村调查时间集中在 7~8 月,农村青壮年大多外出务工不在家有关。

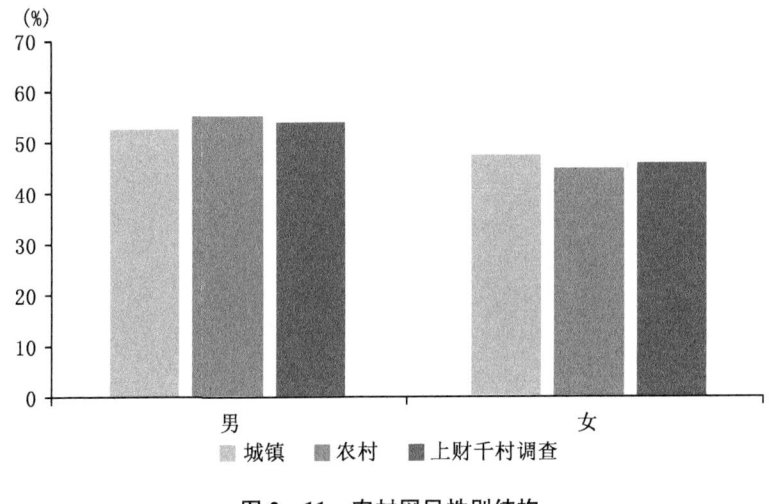

图 2—11 农村网民性别结构

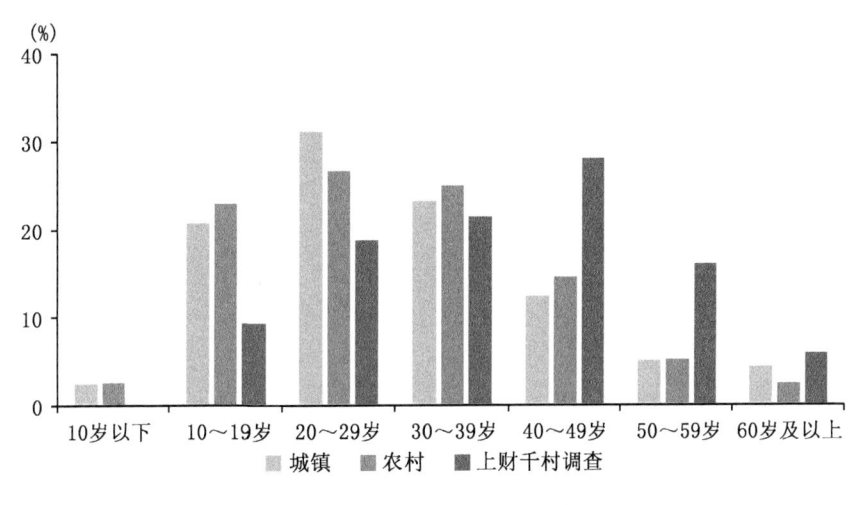

图 2—12 农村网民年龄结构

从学历构成看,与中国互联网络信息中心公布的数据对比,本次调研的学历结构,在高中以上段均偏高,其中大专及本科以上段偏高更明显(见图 2-13)。分析导致差异的原因,不排除是上财千村调查的农村大部分是学生返乡所在村庄,其各方面条件相对较好,同时又因为需要针对上网者进行调研。在农村地区,上网与文化程度有着非常紧密的联系。

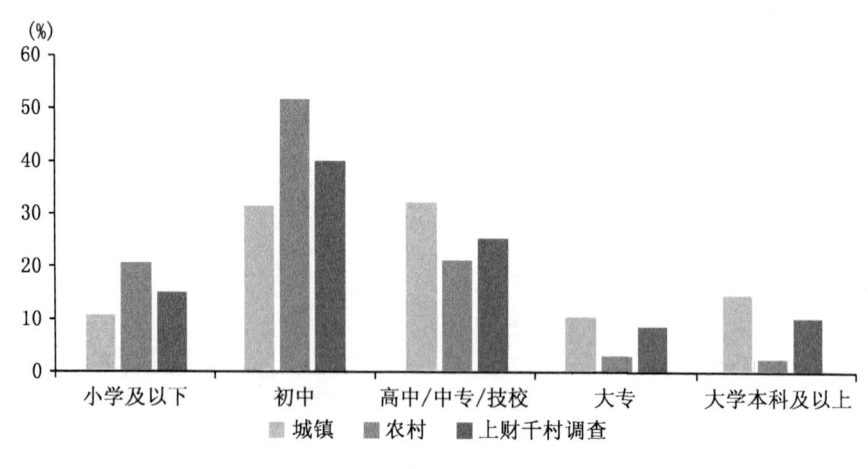

图 2—13　农村网民学历结构

2.3.3　智能手机是农村网民上网的主要设备

从本次调研的情况看,智能手机成为农村网民上网的主要设备(见图 2-14),且从上财千村调查的样本看,智能手机上网率已基本追及城镇,手机成为小乡村连接大世界的窗口。

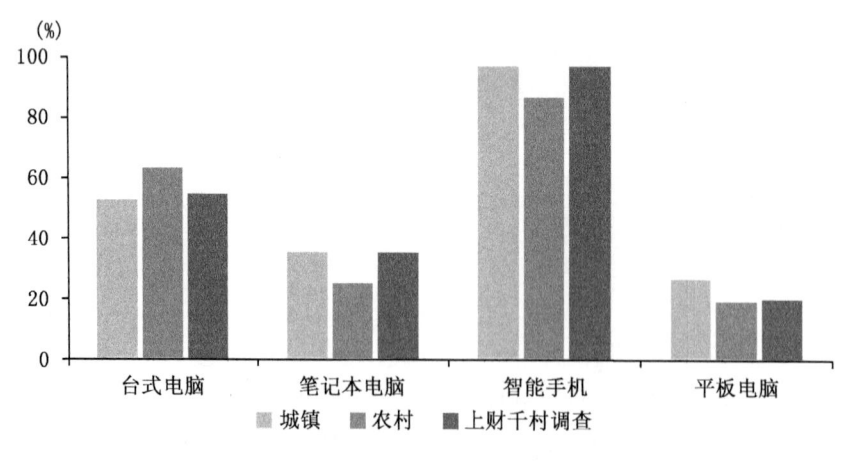

图 2—14　农村网民上网设备

2.3.4 相比农村家庭收入水平，上网费用过高

从本次调研的情况看，农村网民的手机资费主要集中在 10～50 元和 50～100 元区间段，两项占比达 72%（见图 2-15）。

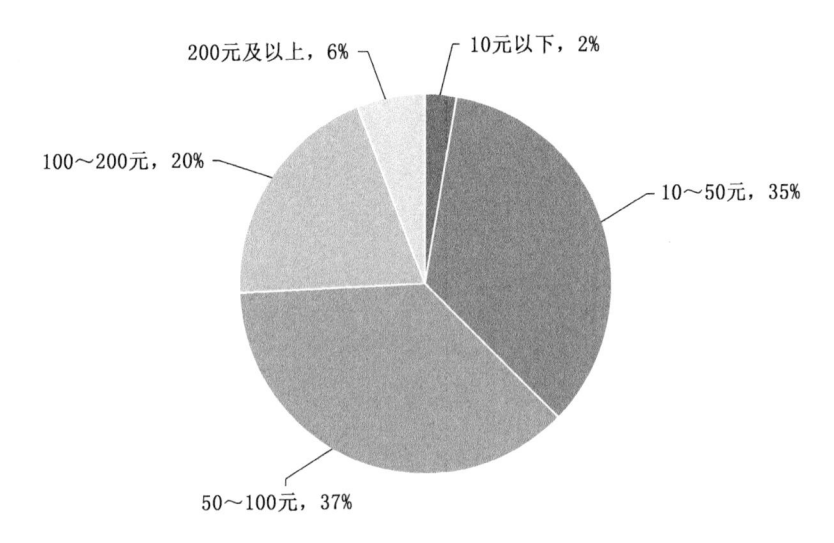

图 2-15 农村网民上网资费

相比农村地区网民的家庭收入水平，有相当一部分农村网民认为上网费用太高（见图 2-16）。

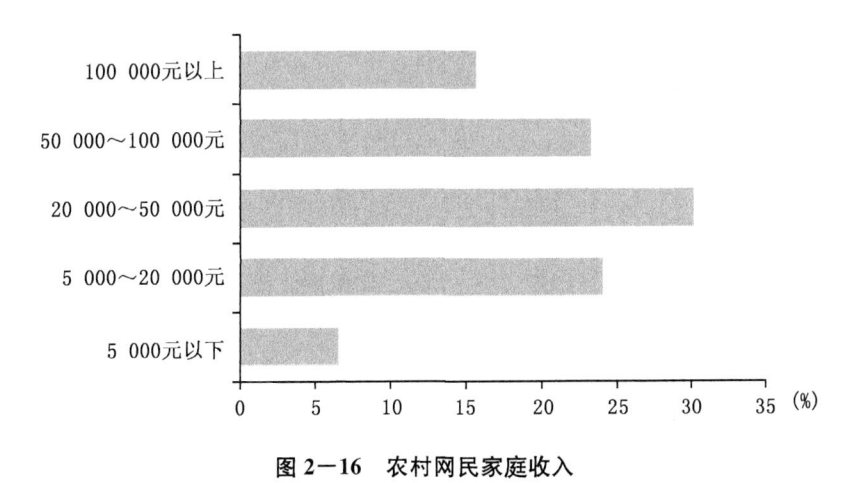

图 2-16 农村网民家庭收入

2.4 农村各类互联网应用的使用现状

从农村互联网各类应用的使用情况看,高居榜首的是社交应用,有95.9%的网民使用微信、QQ等社交软件,其他使用率在50%以上的应用包括:影视、新闻、购物、音乐、信息查询(见图2-17)。调研数据表明,互联网络就如其"信息高速公路"的美誉,已成为农村网民传递和满足物质与精神需求的主要载体。

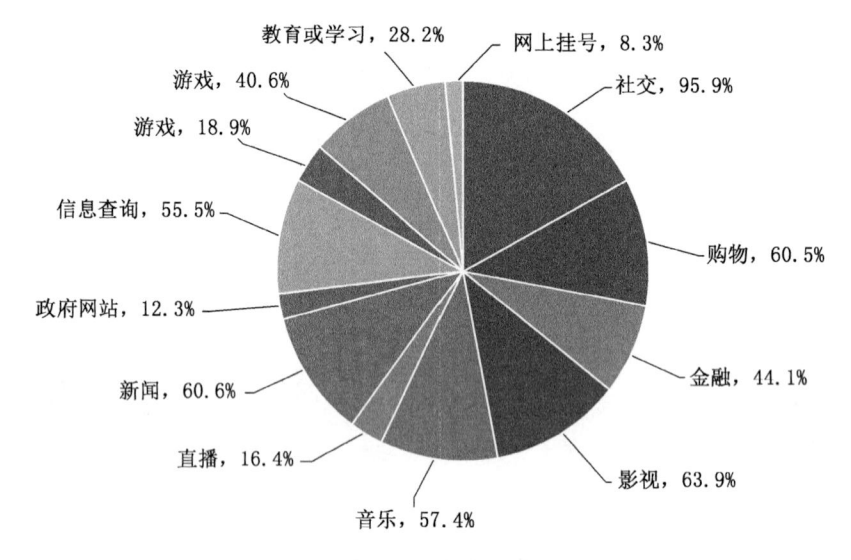

图2-17 农村网民各类互联网应用使用情况

结合2017年千村调查,同时参考中国互联网络信息中心的信息,将农村网民的各类互联网应用划分为信息获取、交流沟通、网络娱乐、商务交易、网络金融、网络学习六大类,与城镇和全国农村数据进行对比分析。

2.4.1 信息获取类

信息获取类应用中,无论是网络新闻还是搜索引擎应用,上财千村调查样本的使用率都相对更低(见图 2-18)。从信息获取类应用的地区比较看,东北地区相对落后(见图 2-19)。

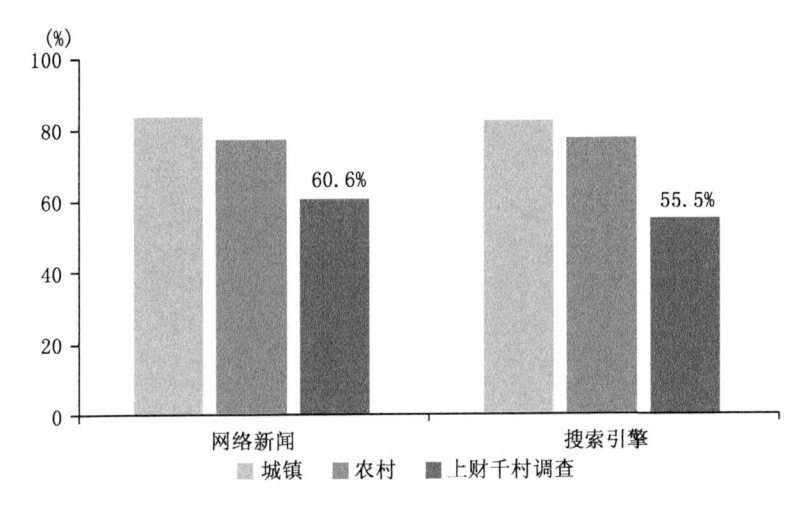

图 2-18 农村网民信息获取类应用使用率

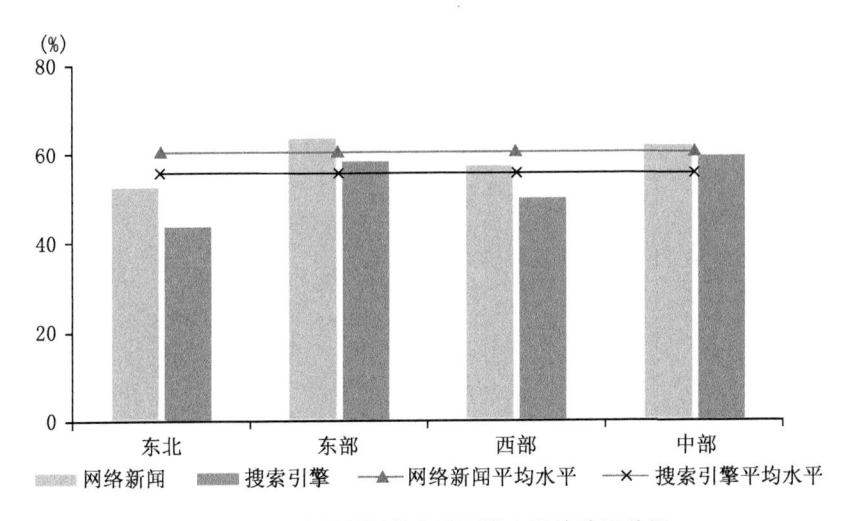

图 2-19 农村网民信息获取类应用的地区差异

2.4.2 交流沟通类

交流沟通类应用主要以即时通信为代表,上财千村调查样本的使用率高达 95.9%,比城镇数据更高,可见微信等即时通信工具在村民中扮演了重要的角色(见图 2-20)。从交流沟通类应用的地区比较看,基本无地区差异(见图 2-21)。

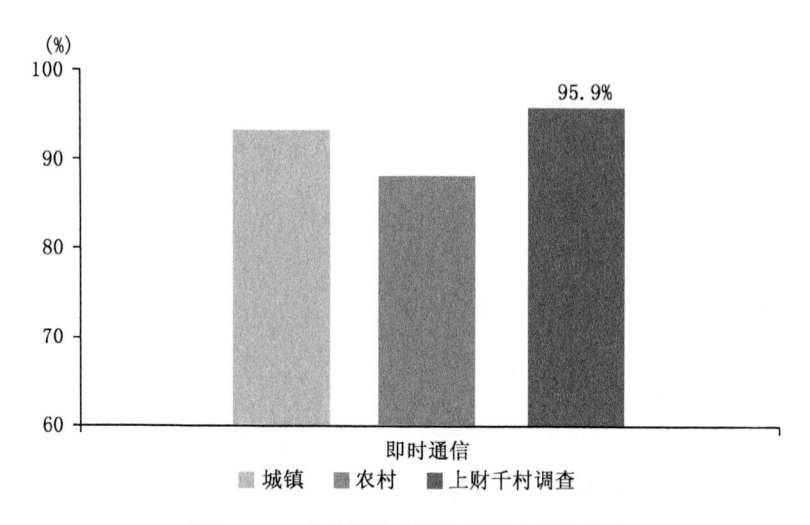

图 2-20 农村网民交流沟通类应用使用率

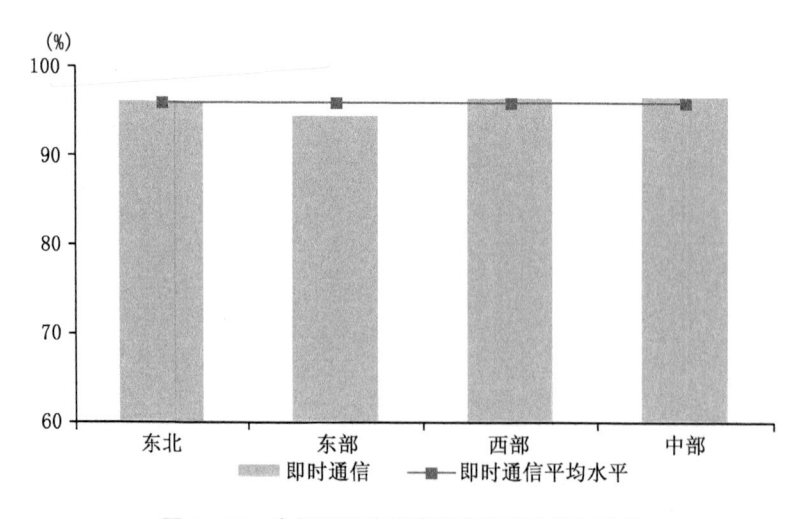

图 2-21 农村网民交流沟通类应用的地区差异

2.4.3 网络娱乐类

网络娱乐类应用中,网络音乐和网络游戏的使用率明显较低,但网络视频的使用率已逼近全国农村数据(见图2-22)。从网络娱乐类应用的地区比较看,东北地区相对落后(见图2-23)。

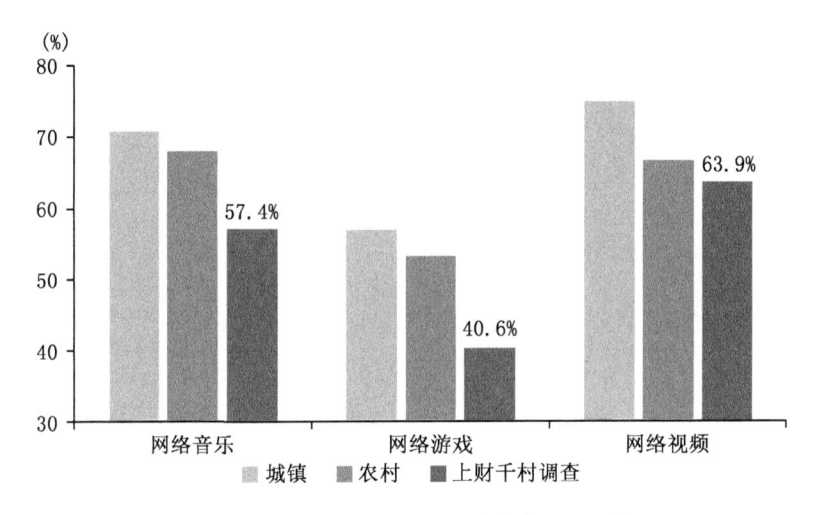

图2-22 农村网民网络娱乐类应用使用率

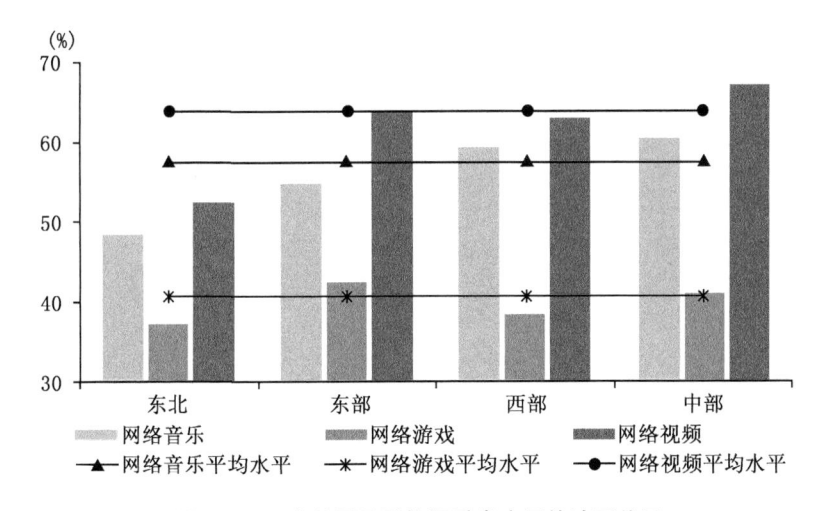

图2-23 农村网民网络娱乐类应用的地区差异

2.4.4 商务交易类

商务交易类应用中,虽然上财千村调查样本中旅行预订的使用率不及全国农村数据,但网络购物的使用率明显高于全国农村水平(见图2-24)。从商务交易类应用的地区比较看,东北地区相对落后(见图2-25)。

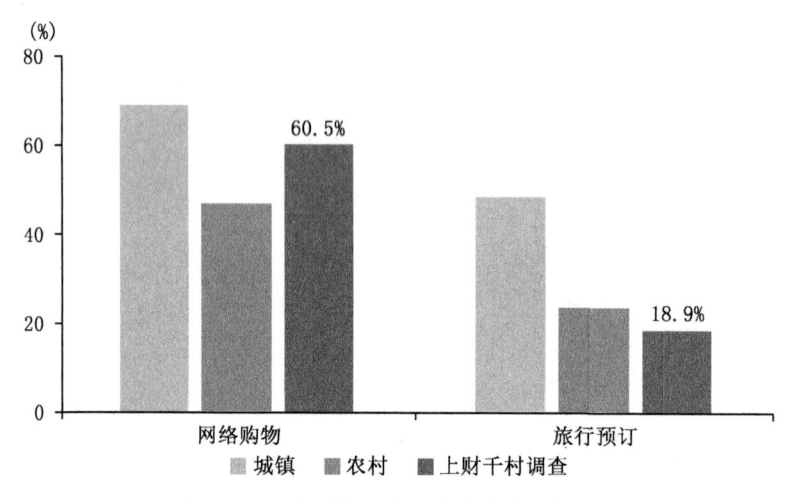

图2-24 农村网民商务交易类应用使用率

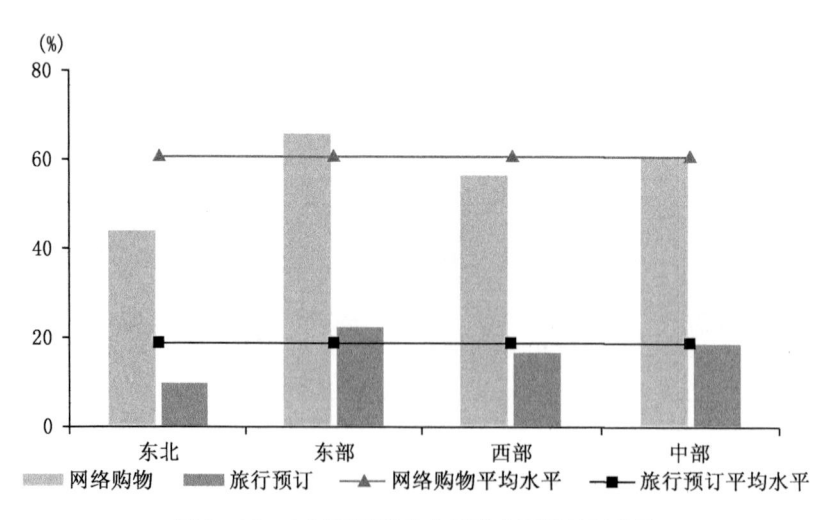

图2-25 农村网民商务交易类应用的地区差异

2.4.5 网络金融类

网络金融类应用主要以网络支付为代表,基本与全国农村水平持平(见图 2-26)。从网络金融类应用的地区比较看,东北地区相对落后(见图 2-27)。

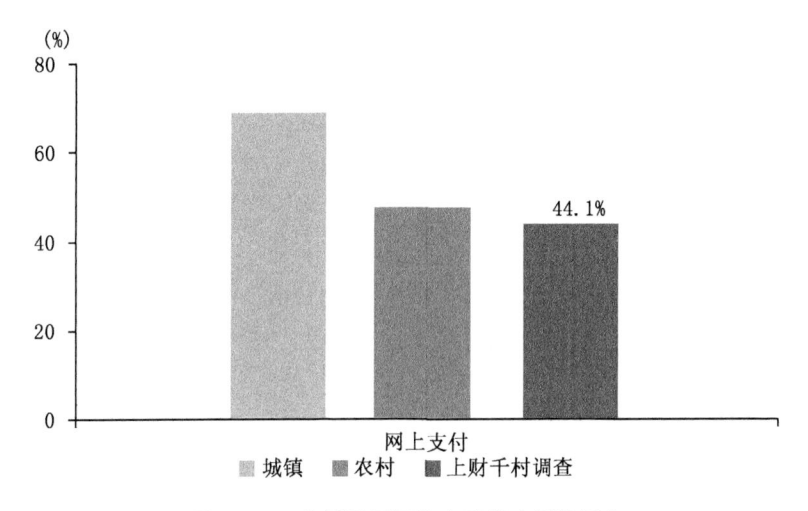

图 2-26 农村网民网络金融类应用使用率

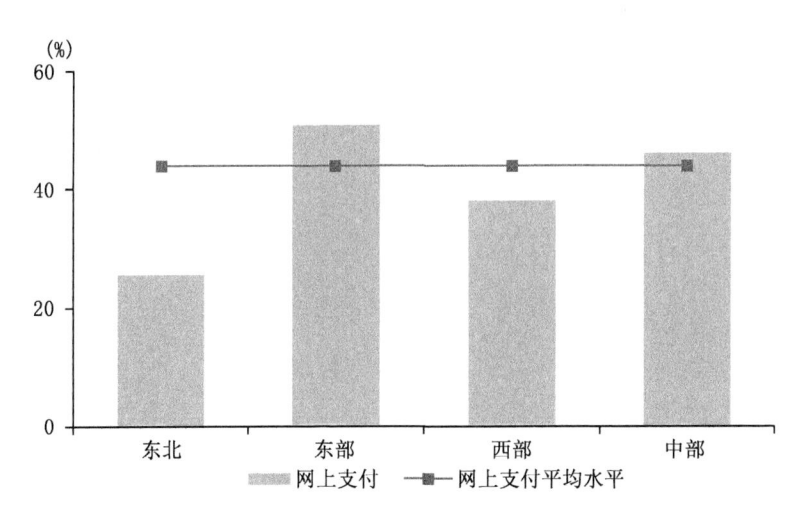

图 2-27 农村网民网络金融类应用的地区差异

2.4.6 网络学习类

网络学习类应用的情况最特别,这一类应用目前没有全国农村数据可比,而且上财千村调查数据高于全国城镇数据,说明农村地区是推广网络学习的蓝海(见图2-28)。从网络学习类应用的地区比较看,还是东北地区相对落后(见图2-29)。

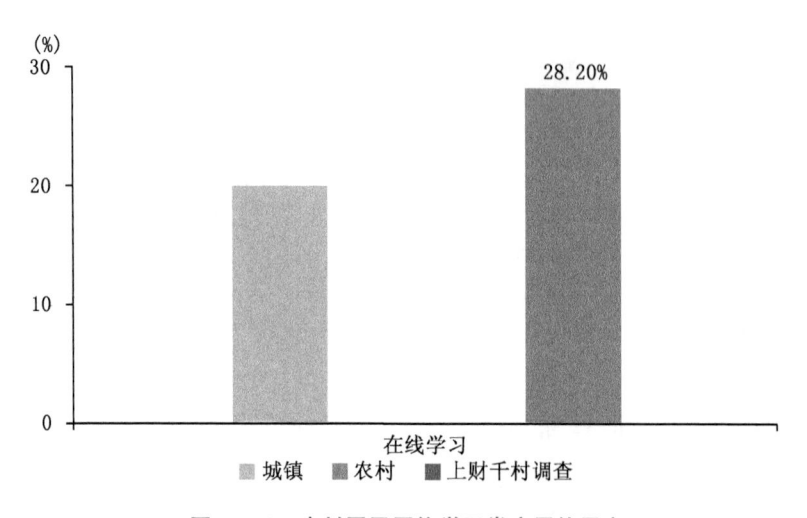

图2-28 农村网民网络学习类应用使用率

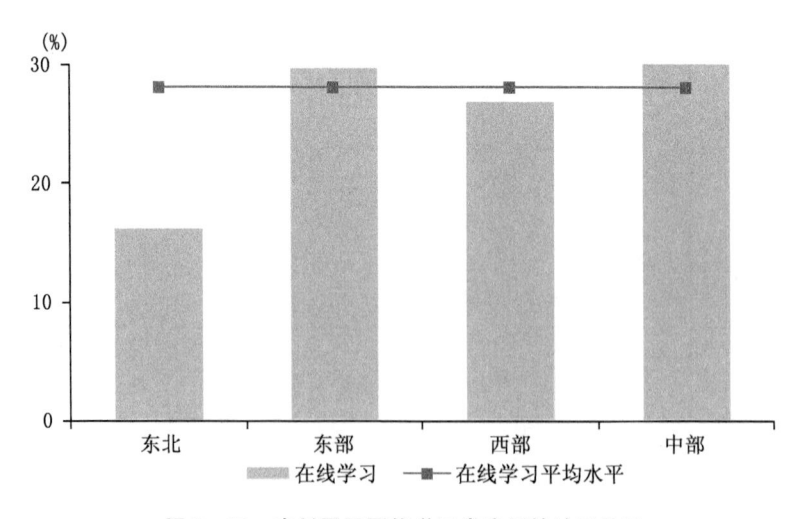

图2-29 农村网民网络学习类应用的地区差异

2.4.7 其他

此外,2017年上财千村调查还关注了农村地区网上挂号/医疗服务类互联网应用的使用情况,从问卷结果看有8.3%的使用率。但因暂无全国农村数据,也无全国城镇数据,尚无法比较。但可以肯定的是,这类服务在农村一定会有市场。

2.5 推动农村互联网基础应用的政策建议

党的十九大提出的乡村振兴战略,要实现"产业兴旺、生态宜居、乡风文明、治理有效、生活富裕"五大目标,而要让现代农业旺起来、让乡村形象靓起来、让文明乡风树起来、让乡村治理硬起来、让农民生活富起来,不是空中楼阁,而是离不开基础设施的建设。这里的基础设施,既有传统的"水电煤路",更有信息时代的高速公路——互联网,以及信息高速公路上跑的车、装的货——互联网的应用。

基于乡村振兴战略,结合上财千村调查分析,课题组提出推动农村互联网基础应用的建议。

2.5.1 抓住乡村振兴的契机,让农村成为互联网领域的沃土

农村互联网正在形成巨大的风口,是中国未来发展的机会,应抓住乡村振兴的机遇,让农村成为互联网领域的沃土,而不是信息时代失联的孤岛。大力发展农村互联网,打造现代智慧农村,在农村产业结构调整、经济发展过程中,用互联网思想武装农民,结合互联网工具改造发展农村,基于实践贡献农村互联网应用的中国智慧,抢占全球农村互联网应用的高地。

2.5.2 推动农村互联网基础设施提挡升级,实施数字乡村战略

把互联网视做农村的"空气、水、电",加快农村互联网基础设施建设,实施数字乡村战略。做好整体规划设计,加快农村地区宽带网络和第四代移动通信网络覆盖步伐,开发适应"三农"特点的信息技术、产品、应用和服务,弥合城

乡数字鸿沟。

2.5.3 减小"价格"敏感因素作用,提高农村互联网普及率

通过智能手机普及率的提高,进而带动农村互联网的普及率,这是一个重要切入点。农民群体对"价格"较为敏感,价格往往成为限制他们接触互联网的重要原因。建议政府通过相关补贴,给予农民一定的购机优惠,降低农民购置智能手机的成本。建议政府出台政策,鼓励智能手机制造企业生产开发价格合适、适应农村的智能手机在农村地区推广。在降低手机价格的同时,逐步降低手机资费,为农村互联网普及扫清"设备和资费"的价格障碍。

2.5.4 发挥村委会基础作用,提高农村网络公共服务能力

农村互联网的应用很多,若是完全由农民自发进行,难以真正的规模化、普及化,相关政府部门应予以一定的教育引导和鼓励措施。村委会和村干部是农村的基础细胞,也是农村互联网发展的中坚力量。要改变农村基层领导只把工作重心放在农村经济发展、忽略农村互联网发展应用的情况。鼓励村委会建立公共电脑阅览室,提高公共网络服务能力,加强对村民的互联网教育,使农村互联网应用由农民"自发"进行改变为政府"推动"进行,进而提高农村的互联网应用普及能力。

2.5.5 改变应用模式单一化局面,扩大农村互联网应用领域

目前农村网民的互联网应用使用模式较单一化,主要倾向于交友娱乐。大多数农村网民仅仅把互联网当作一种聊天和娱乐的工具。同时,因农民家中独立拥有电脑的较少,主要是通过手机进行一些简单的网络活动。尽管互联网在农村的普及程度有所提升,但是大部分农村网民对互联网的用途理解不够深入、对互联网的使用范围理解不够广,导致农民给互联网贴上了"年轻人""游戏""聊天"等片面的标签。相关部门必须注意农民对互联网使用认识上的这种局限性,予以重视和改变,让农民切实感受到互联网对实际生活的帮助,从而加大对于互联网的需求和关注。

2.5.6 重视地区差异,东北振兴与乡村振兴两个"振兴"一起抓

与原本一般认为西部地区在互联网基础设施建设及应用上相对落后的固

有认知不同,通过上财千村调查数据的地区比较,一次次发现东北地区落在低位,须引起重视。建议将东北振兴与乡村振兴两个"振兴"一起抓,让东北地区互联网应用搭上乡村振兴的快车。

2.6 结　语

乡村振兴,是中国农村发展的绝佳历史机遇,以互联网数字化助推乡村振兴,消除阻碍农村互联网发展的因素,加大各方面投入,结合农村实际情况充分发挥互联网的优势作用,将真正做到让农村、农业、农民了解互联网、使用互联网、受惠于互联网。

第三章

农村消费用品网购应用报告[*]

近年来,农村网民规模持续增长,互联网普及率逐年增高,农村网络零售规模也呈现增长态势。2017年上半年,农村实现网络零售额5 376.2亿元,较2016年同期增长38.1%。2018年中央一号文件提出乡村振兴战略,再一次强调了要重视乡村电子商务建设。在政府政策不断激励、阿里巴巴等电商巨头潜入农村、基础设施积极完善、农村市场不断升温等各种因素的共同推动下,农村电商消费迎来新一轮的春天,进而改变商品在农村范围内的流通方式,电子商务也成了农民购物消费的新渠道。

课题组根据2017年千村调查的一手数据,重点梳理了农村消费用品网购应用现状和存在的问题,并提出发展建议:加强宣传,提高农民网络消费意识;强化政府引导,实现农村电商统一规划。

3.1 农村消费用品网购应用调研内容

为客观了解全国各地农村电子商务消费情况,2017年上海财经大学开展了以"中国农村互联网应用状况"为主题的千村调查项目。项目在全国31个省、市和自治区(除港、澳、台地区)展开,发放问卷13 020份,回收问卷10 381份,主要包括:返乡,入村问卷417份,入户问卷5 004份;定点,县域问卷30

---

[*] 执笔人:芮廷先。

份，入村问卷 186 份，入户问卷 4 744 份。

3.2 农村消费用品网购应用现状

农村电子商务消费是信息化技术迅速发展以及农民消费观念改变的必然结果，也将促进农村的发展和农村消费水平的提升。农民能够更多地享受到和城市居民相同或类似的产品及服务，在一定程度上能够缩短城乡之间的差距，是中国特色乡村发展的必然探索。

根据千村调查项目的有关问卷指标进行数据分析发现，尽管农村电子商务消费的发展势头良好，但是所表现出的状态仍存在一些问题，如电子商务消费规模较小、农村电商消费购买金额有限、网络消费用于生产的比例较低、各地区电商消费发展不平衡、基础设施不完善、电商消费渠道有限、移动设备上网人数远多于固定设备、文化程度较低、电子商务意识淡薄、对电商消费信任程度较低等。

就农村互联网的使用群体而言，农村互联网用户的年龄结构偏于年轻化。年轻人在互联网上密切关注的主要是网络社交、网络消费、网络游戏等与个人生活息息相关的活动，而较为年长的则主要通过网络了解各种新闻资讯、与亲朋保持联系等。就农村网络的使用程度而言，各村镇的互联网使用率明显低于城镇的网络使用率。互联网在农村的发展空间仍然是十分狭小。通过调查我们了解到，85%的农村网民借助手机移动设备进行上网，农村互联网正越过PC端向智能手机发展，网络使百姓的政治生活、经济生活等更加丰富充实。10%的农户家里拥有电脑，他们关注的主要是以教育为目的的网络活动等。

在谈及互联网应用时，最值得关注的是农村电商的发展，尤其是近年淘宝村的接连出现。经过调查走访，我们发现农村少数农业大户通过互联网进行网络销售，这在农村电商势头正好的时代，无疑是与新兴信息网络时代的接轨。然而，在互联网应用的同时，农村电商的发展道路仍存在诸多障碍。

首先，从思想观念而言，传统的农耕思想、自给自足的观念占据和阻滞着人们的思想，身处其中的人们难以充分聆听网络时代的福音，更难以利用网络资源发挥农业这个占据着国家绝大部分市场的产业优势。其次，从销售力量考虑,由于农村地处偏僻、四面环山,网络运输的成本等方面对于农村而言是极大的劣势。对于比较落后的农村电商来说,缺少的是庞大的团队支持,其销售渠道的不稳定性、生产规模的小型性、生产秩序的规范化、产品质量的认证烦琐性等,对经营者来说都是极大的阻碍。通常,一个村子为数不多的电子商务还存在着竞争的盲目性,销售时兴的农村特色产品使得零散的商务经营难以打造长久的电商品牌。再者,从技术层面来说,由于农村缺乏专业的网络技术培训,人们在网络维护等网络安全方面的意识和能力仍不是很强,对于电商的接受力以及认可性也不是很足。

在调研过程中,有一个不容忽视的奇怪现象,就是当地村民手机资费远超我们预期。手机月均资费超过 50 元的占所有受访者的 68.97%,而城市居民在正常通话和使用流量的情况下月均资费一般不会超过 50 元。通过与村民的交流,我们了解到他们中许多人并不了解各种各样的流量套餐、话费套餐,中国电信、中国移动等大运营商也鲜少入村对这些产品进行推广和宣传,导致他们使用手机基本都是按照相对昂贵的零售价格来扣费。另外,许多村民,特别是上了年纪的老人,并不清楚 WiFi 和移动数据的区别,还有人不知道怎样在手机上输密码连接免费 WiFi,这也是造成资费惊人的一大原因。我们留意当地街道两边的店铺,发现运营商网点的确非常少,更没有见到过在城市中司空见惯的由简易帐篷搭成的流动宣传摊位。由此可见,网络运营商的市场重心目前仍然放在城市而忽略了农村地区的互联网发展潜力。

3.3 农村电子商务消费的问题

近年来,随着互联网的普及,电子商务逐渐深入农村,农民越来越多地接触互联网,并在互联网上进行消费,很大程度上提高了农民需求的满足程度,并一定程度缩小了城乡在物资供应上的差距。但是,在目前的农村电商消费中,仍存在很多问题。存在的最主要问题是物流服务不到位。电商相比于传统商务的最大优势应该就是便捷,"送货上门"一直是电商主打的特色,然而,由于农村物流点少,村民网购的产品只能快递到乡,需要村民自取,"送货上门"无法实现,实在是很不方便。

3.3.1 电子商务消费规模较小

在调查中我们发现,对于"周围使用网络购物的人群数量"这个问题,仅有14%的被调查者选择的"非常多"选项,说明网络购物的群体还远远没有形成规模(见图3-1)。

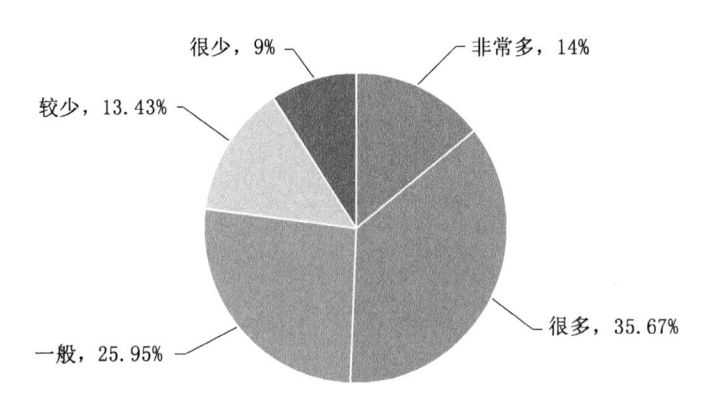

图3-1 被访问者周围使用网络购物的人群数量

在个人消费的调查中,网购在被调查者的日常消费中占比较低,近半数的被调查者表示网购在日常消费中的占比在30%以下,而平均水平仅为27.65%(见图3-2)。

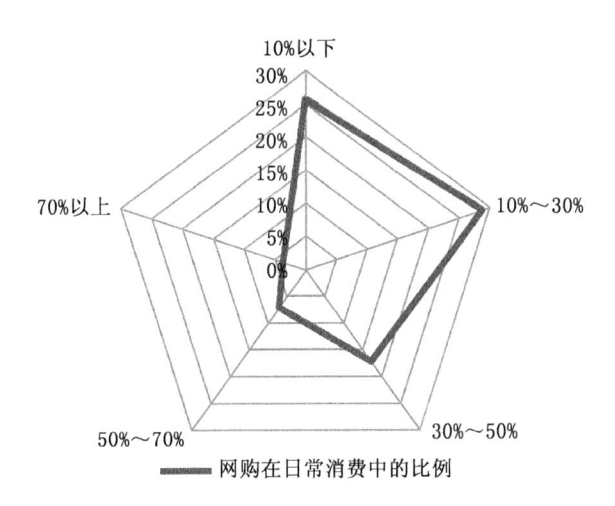

图3-2 网购在日常消费中的占比

3.3.2 农村电商消费的产品种类丰富,但购买金额有限

目前,农村电商消费的产品种类丰富,包括服装、日用百货、家电、食品、家具建材、数码产品、农用物资、儿童玩具等,但是购买力非常有限。在调查中我们发现,农民购买较多的产品是服装(有72%的被调查者表示在网络上购买过服装),其次是食品(占被调查总数的28%)。

农村电商消费的主要产品在价格较低的服装和食品两大类别,可见农村电商消费的主要目标依然是满足生活需求(见图3-3)。

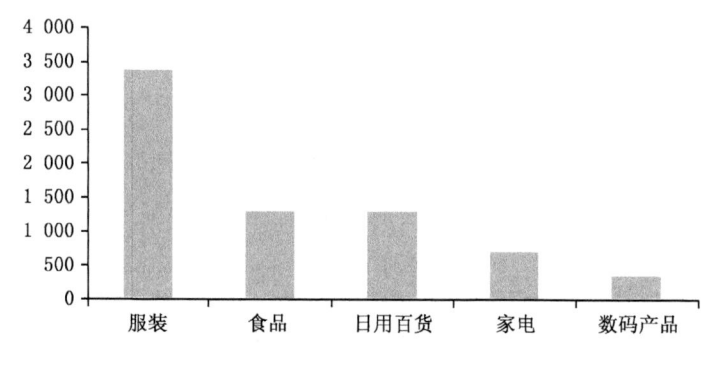

图3-3 各类产品的购买数量

此外,在调查中我们发现,被调查者在网络上买过的最贵的产品价格集中在100~10 000元区间,其中100~500元的较多,占31.13%(见图3-4)。由此可见,农村消费者对于大额的网络购物较为谨慎,购买力有限。

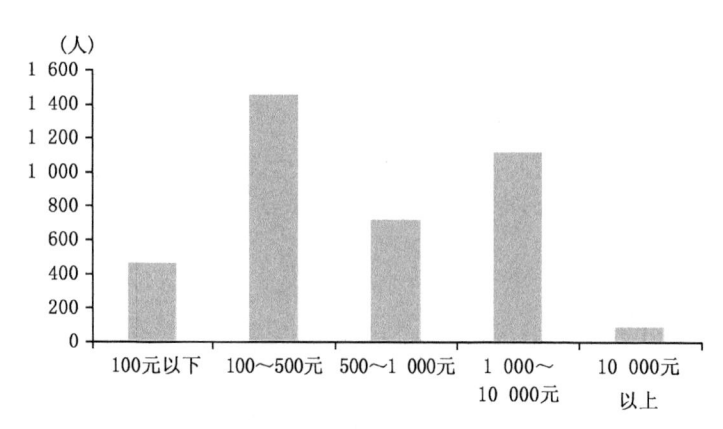

图3-4 农村网络消费产品的最高价格

3.3.3 网络消费用于生产的比例较低

根据调查显示,虽然网络消费的产品种类较多,但网络消费中,用于购买生产资料的比例偏低,说明农民对于通过网络消费改善生产条件的意识依然比较淡薄。在调查中,表示"曾经或者愿意在网上采购农资农具或其他经营活动所需的生产资料"的受访者仅有393人,占比极低。而且,即便曾经在网上采购过农资农具,与线下购买相比,农民更倾向于线下购买,在网上采购农用生产资料及农机具占总体比重较低(见图3-5)。

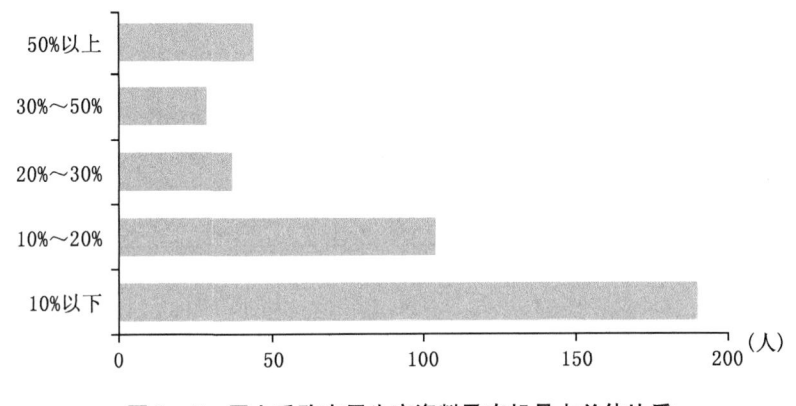

图3-5 网上采购农用生产资料及农机具占总体比重

由图3-5可见,超过2/3的受访者表示,从网上采购农用生产资料及农机具占总体的比重在20%以下,即只有极少数的网购资源用于生产。

3.3.4 各地区电商消费发展不平衡

根据对不同地区农村电子商务消费调查显示,地区之间有较为明显的差异。通过对各地区个人消费占所有被调查者的比例的数据分析可以看出,在网络个人消费方面,东部地区比例最高,有过网购经历的受访者占总受访人数的89%;东北地区比例最低,仅为71.83%(见图3-6)。东部地区和中部地区的发展相对较好,高于平均水平,东北地区和西部地区个人消费比例低于平均水平,地域电子商务消费不平衡的问题较为突出。

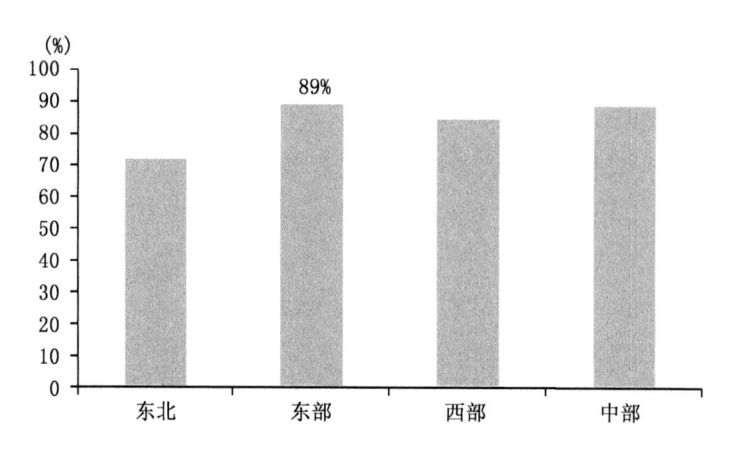

图 3-6 各地区个人消费占所有被调查者的比例

如果以县域为标准,可见县域之间的差距,其中最高为东安县(38.72%),最低为永善县(19.64%)(见表 3-1)。

表 3-1　　　　　　　各县日常消费中网购占比平均值

被调查县	网购占比均值	被调查县	网购占比均值
安新县	25.43%	普宁市	29.66%
北流市	25.15%	乾安县	24.00%
册亨县	31.14%	桐城市	33.33%
东安县	38.72%	桐乡市	38.14%
公安县	32.83%	威远县	30.62%
古浪县	26.61%	卧龙区	29.49%
衡东县	24.03%	巫山县	24.81%
洪泽县	24.40%	无极县	26.74%
嘉善县	28.19%	吴川市	28.66%
宽甸满族自治县	21.64%	襄垣县	29.13%
乐陵市	26.00%	偃师市	27.05%
乐平市	25.32%	永善县	19.64%
利辛县	25.22%	余干县	24.55%
鹿邑县	28.27%	周至县	27.91%
南江县	22.42%	诸城市	26.64%

注:本表在数据处理中,将选项进行了替换,其中:小于 10%替换为 0.05,10%~30% 替换为 0.2,30%~50%替换为 0.4,50%~70%替换为 0.6,70%以上替换为 0.9。

3.3.5 基础设施不完善,利用率差

我国城乡经济发展在很长一段时间内都呈现出"二元结构"的特征,部分农村地区基础设施建设相对滞后,物流、网络、电商代购点等均存在无法满足农村群众应用电子商务的情况。在调查中,有接近50%的受访者表示,网上购买农资农具只提供到县或到乡的服务,大件物流的最后一公里问题仍然没有很好的解决方案。此外,有45.71%的受访者表示所在村无法实现每天收寄快递。

电商代购点利用率低也是电子商务应用发展的一大障碍。在调查中,大多数的村都配有电商代购点,但仅有4.99%的受访者表示通过电商代购点购买过产品;在所有通过电商代购点进行网络购物的消费者中,仅有45%的受访者表示电商代购点能够满足其网上购物的需求,满足率不足一半。

3.3.6 电商消费渠道有限

所有选择网络购买农资农具的受访者中,有171人选择了阿里平台,有103人选择了京东,有20人选择了苏宁,而选择专门销售农资产品的垂直类网站农资一号的受访者仅为27人(见图3-7)。由此可见,农民消费者对于综合类大平台的认可度比较高,对有针对性的垂直类网站的认知度较低。但综合类大平台产品比较杂,专业化程度较低,商家成分丰富,产品品质参差不齐,因此会造成农民消费者无法在平台上找到自己需要的产品或买到质量较差的产品,从而放弃网络消费。

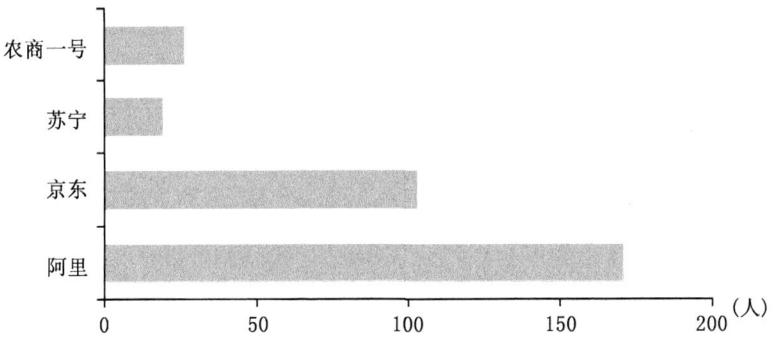

图3-7 选择各平台的农民消费者人数

3.3.7 移动设备上网人数远多于固定设备

在对调查结果的分析过程中发现,大部分农村居民选择手机上网,占总人数的 90.81%,反映了目前移动网络的普及率较高。但是,上网方式一定程度会影响网络消费的水平,上网费用高、网速慢、移动设备低端等因素均会成为农民拒绝网上购物的缘由。

3.3.8 文化程度较低,电子商务意识淡薄

要让农村群众很好的掌握电子商务并接受电子商务非常困难,尤其是偏远地区,受文化程度的限制,多数农村群众难以理解并接受新鲜事物,对网络的应用也大部分局限于聊天工具的使用,对学习网上购物及网上销售产品的兴趣非常低。在不愿意通过网络购物的受访者中,有 17% 表示操作困难。尽管在调查数据中,有 39.46% 的受访者学历在高中(包括中专)以上,但是这些具有中高学历的受访者多为在外读书的学生,并非农村常住人口。农村目前多数为留守的老人和孩子,能够熟练操作计算机的人数非常少。尽管在调查中,几乎所有的受访者均表示可以使用互联网,但对互联网的应用大多数以社交(微信)为主,对电子商务认知程度比较低,电子商务意识也非常淡薄。

3.3.9 对电商消费的信任程度偏低

由于文化结构和信息传递相对闭塞等原因,农民对电商消费的信任感仍然较低。根据调查数据显示,在所有不愿意网上购物的受访者中,有 37.3% 表示怕受骗、担心质量问题,有 37.14% 表示没有相关经验。因此,观念的转变是提高电商消费水平的重要因素。

3.3.10 东西部农村互联网应用不均衡

我国东西部经济发展很不均衡,华东、华北、华南地区经济水平远高于西北地区,在互联网应用的广度和深度方面亦然。东部经济发达地区节奏快,信息传递也快;西部欠发达地区节奏慢,信息传递也慢。互联网使用率差距非常大,为什么会有这样的结果呢?

首先是文化因素。在我们调查中发现,西部地区农村拥有高中以上学历

的不足20%。在青壮年人群中学历水平多数为高中、大专,中年人群学历主要为初中,老年人群大多数为小学及以下,所以西部地区农村整体教育水平偏下。而在使用互联网的过程中,我们需要一些先决条件:一是精神活力,教育带给我们的不只是知识,更是一种永远敢想、追求新鲜事物、不断前进的活力,很多人不愿意去尝试互联网、不愿意去尝试新鲜事物,正是缺乏这种活力;二是接受能力,我们在学习和使用互联网的时候需要一定的接受能力和逻辑思维能力,这也正是教育赋予我们的;三是技术问题,互联网相对于其他的信息传播媒体来说更复杂,使用过程中需要一定的技术能力。

其次是经济因素。我们在使用互联网的过程中需要智能手机、电脑等载体,联网过程中需要一些费用,部分家庭不能负担这些费用。

总的来说,东西部地区互联网应用水平不均衡的原因主要在于文化和经济方面。我们可以看到,随着电子商务的发展,华东、华南地区淘宝村一个接一个地出现,这是农村产业经济转型的很好的例子,既可以帮助农户脱贫致富,又可以解决当地就业问题。

3.4 推进农村电子商务消费的建议

通过分析发现,我国农村电子商务消费水平仍有很大的发展空间,为进一步推进农村电子商务消费发展,提出以下对策。

3.4.1 加强宣传,提高农民网络消费意识

早在2011年,我国农业部发布的《全国农业农村信息化建设"十二五"规划》明确提出,应提高农民对电子商务的认知,各级政府应切实将推广电子商务落到实处,定期开展电子商务宣传,并采用农民能够接受的方式,多渠道宣传电子商务(如广播、电视、微信群等),加强农村群众对电子商务的信任感。

同时,地方政府可不定期组织农村群众接受简单的互联网应用培训,让农民跳出传统的消费思维和消费观念,提升农民操作电脑或智能手机的技术能力,使农民能够独立地在网络上购物,亲身体会网络购物的便利和优势,拓展农民网络消费的可能性。

3.4.2 提升产品的针对性

农村消费者需要的产品具有一定的特殊性,如价格低廉、实用性强等,因此,应鼓励电商企业、电商平台对农村消费者进行深入的调查和研究,有针对性地推荐一些符合他们需求的产品,吸引更多的消费者网络购物。同时,政府可在政策允许的前提下,加大对网购平台(尤其是农用产品垂直类网站)的宣传力度,让农民在更广泛和宽松的环境中,选择他们所需的产品。

此外,要加强农民通过网络消费改善生产的意识,提高农民在大型农机具和农用生产资料的购买水平,转变农民消费观念。

3.4.3 加强基础设施建设

基础设施是电子商务应用的环境,电子商务的发展程度取决于基础设施的完善程度。对于农村电商个人消费来说,首先要解决的问题就是农村快递最后一公里的问题,当地政府可选择与快递公司或电子商务公司合作,安排快递的代收点和派件点,让快递能够实现村村达、户户达,让农民切实感受到电子商务的便利;其次要解决农村的上网问题,政府应一方面鼓励农村范围内电信运营商提高网络服务质量、适当降低收费标准,另一方面可以尝试在村内实现 WIFI 覆盖,给农民随时上网的机会。

3.4.4 充分发挥电商服务站的作用

要有效利用电商村级服务站。村级电商服务站可以一定程度解决农民在设备操作上的难题,也可以通过实物展示的方式消除农民对网络产品质量的担心。因此,村级政府应注重提高服务站的专业化程度和服务意识,村级服务站负责人及工作人员应接受专业的电商培训,能够完成产品搜索、产品代买、物流代收、退换货等服务,并以专业的服务获取农民的信任,同时,要有很强的服务意识,提高服务的满意度。

3.4.5 加强电子商务应用欠发达地区的指导和扶持

在调查中,东北地区和西部地区的电子商务应用发展与中部地区和东部地区相比较为缓慢,因此,加强这些地区的电子商务应用的发展,平衡各地区电子商务发展水平,这是农村电子商务发展的重要环节。应加强对电子商务消费欠发达地区的指导和支持,完善基础设施建设;东北地区和西部地区应重视电子商务的宣传和发展,将更多的电子商务企业和平台引入农村内部,获取来自企业更多的帮助,营造更丰富饱满的电子商务消费环境。

3.4.6 强化政府引导,实现农村电商统一规划

政府在农村建设的过程中,应充分发挥其统一规划的作用,在深入分析本地区特色的前提下,借助现有地区资源,以村为整体单位,形成规模效应,提升全村电商消费能力。村级政府可以在农资产品需求较为集中的时间段,集合全村的需求,统一进行采购,这一方面能够解决单一消费者采购中物流难以解决的问题,另一方面也能够提高讨价还价的能力,给农民更多的利益。

3.5 结 语

乡村振兴,是中国农村发展的绝佳历史机遇,农村电子商务消费是信息化技术迅速发展以及农民消费观念改变的必然结果,也将促进农村的发展和农村消费水平的提升。农民能够更多地享受到和城市居民相同或类似的产品及服务,在一定程度上缩短城乡之间的差距,这是中国特色乡村发展的必然探索。

第四章

农村农资农具网购应用报告[*]

农资是农用物资的简称,是指在农业生产过程中用以改变和影响劳动对象的物质资料和物质条件,如农业运输机械、生产及加工机械、农药、种子、化肥、农膜等。农业生产离不开农资,农资被称为粮食的粮食。农资是保障农产品生产提质增效的根源。

长期以来,农资市场问题突出,给农业和农民带来很多困扰。互联网时代,如何通过网络赋能,改变这一问题,千村调查课题组专门设计了相关问卷,开展了有针对性的调查。

课题组根据2017年千村调查的一手数据,重点梳理了农村农资网购现状,并提出发展建议,供决策参考。

4.1 农村农资农具网购调研内容

问卷涉及与互联网应用有关的多个方面,包括互联网基础情况、电子商务应用、普惠金融应用、政情政务应用、网络社交应用、农村教育培训等。

对于农村农资农具网购情况调研,主要针对是否有需要采购农资农具或其他经营活动所需要的生产资料、是否曾经或者愿意在网上采购需要的农资农具或其他经营活动所需的生产资料、在网上采购农用机械或生产资料的品

---

[*] 执笔人:井然哲。

种、在网上采购农资农具的主要价格水平、在网上采购农机具的主要渠道、在网上采购农机具的主要物流情况、在网上采购农用生产资料及农机具占总体的比重、在网上采购农机具和生产资料的主要付款方式、未来网购农资农具的增量情况、在网上销售产品对选择在网上采购生产资料的影响情况等进行入户调研。

4.2 农村农资农具网购现状

当问及农资网购时，虽然 34.88% 的被访农户曾经或者愿意在网上采购需要的农资农具或其他经营活动所需的生产资料，但再问及未来网购农资农具的增量可能的占比情况时，持平的占 50.79%，增量在 50% 以上的占 22.97%，增量在一倍以上的占 18.65%。可见，农资网购市场潜力巨大。

4.2.1 农资网购规模还比较小

在受访农户中，只有 34.88% 的人表示曾经或者愿意在网上采购需要的农资农具或其他经营活动所需的生产资料。造成农资网购比例偏低的原因，一方面可能是宣传推广力度不够，通过网络渠道能够购买农资的信息知晓度不高；另一方面可能是农户还没有改变原有的农资线下购买习惯。

在县级层面通过网络集中采购农资农具或其他经营活动所需要的生产资料占比仅为 29.03%，相对比例偏低，规模还比较小（见图 4-1）。

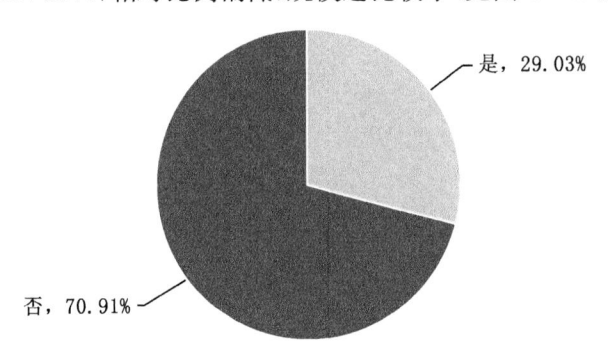

图 4-1 县级层面通过网络集中采购农资比例

4.2.2 农资网购产品品类比较丰富

在曾经或者愿意在网上采购需要的农资农具或其他经营活动所需的生产资料的受访农户中,品类涉及种子/种苗、化肥/饲料、农用薄膜等生产用资料、小型农机具、大中型农机具(见图4-2)。可见,农资网购产品品类比较丰富多样。

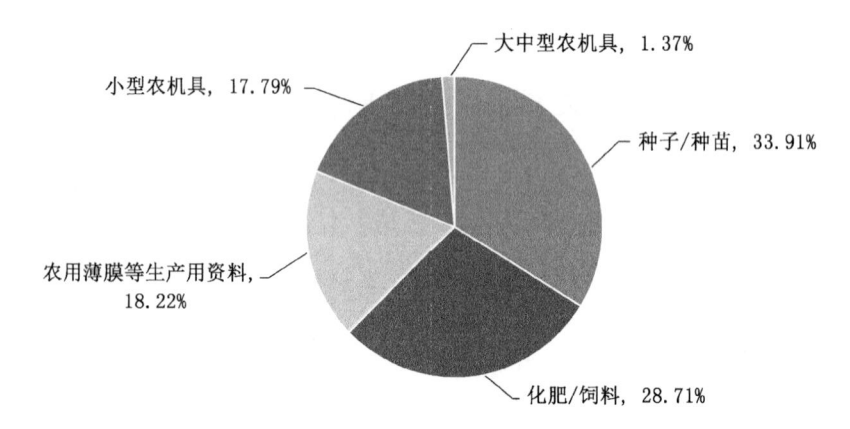

图4-2 网上采购农用机械或生产资料的品种

- 大中型农机具,1.37%
- 小型农机具,17.79%
- 种子/种苗,33.91%
- 农用薄膜等生产用资料,18.22%
- 化肥/饲料,28.71%

4.2.3 农资网购渠道较多

在有过农资网购经历的受访农户中,在选择农资网购渠道时,随着一些大型电商平台农资业务市场的拓展,以及一些专业农资电商平台的出现,农资网购渠道不断增多,农资网购渠道有了多种选择比较,极大地方便了农民的农业生产(见图4-3)。

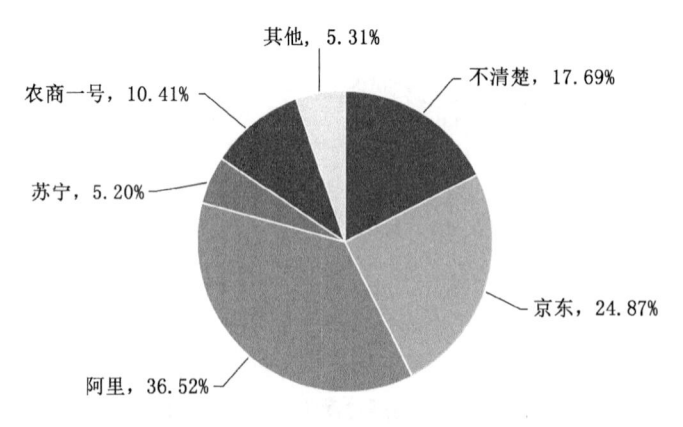

图4-3 网上采购农资的主要渠道

- 其他,5.31%
- 农商一号,10.41%
- 苏宁,5.20%
- 阿里,36.52%
- 京东,24.87%
- 不清楚,17.69%

4.2.4 农资网购资金来源多样

调研中还发现,在县级层面通过网络集中采购农资农具或其他经营活动所需要的生产资料的部门占比较大的是供销社,为 88.89%。采购资金来源多样,其中,政府财政资金占 33.33%,合作社/农户自筹占 33.33%,企业自筹占 22.22%(见图 4-4)。

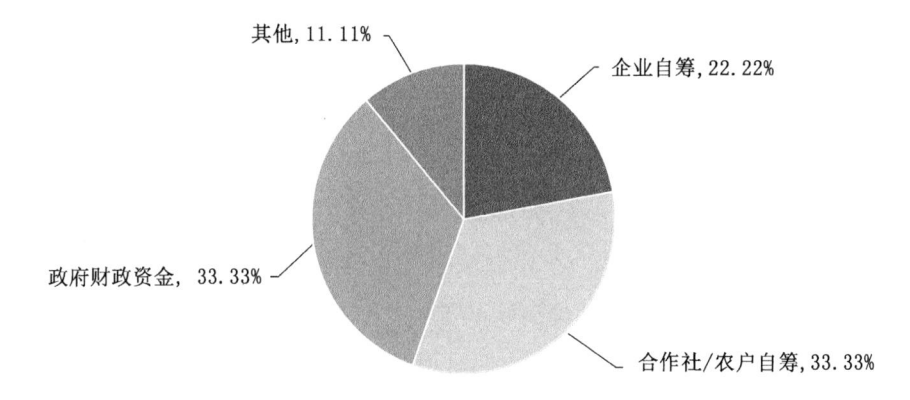

图 4—4 网上采购农资的资金来源情况

4.2.5 农资网购价格优势明显

在农资网购价格方面,根据问卷分析,发现网上农资价格优势明显。其中,比线下价格水平低 10% 的占比为 36.37%,比线下价格水平低 10%~20% 的占比为 19.62%,比线下价格水平低 20%~30% 的占比为 7.21%,比线下价格水平低 30% 以上的占比为 2.44%(见图 4-5)。可见,线上农资价格普遍低于线下,价格优势明显,这是吸引农户网购农资的一个主要驱动力。

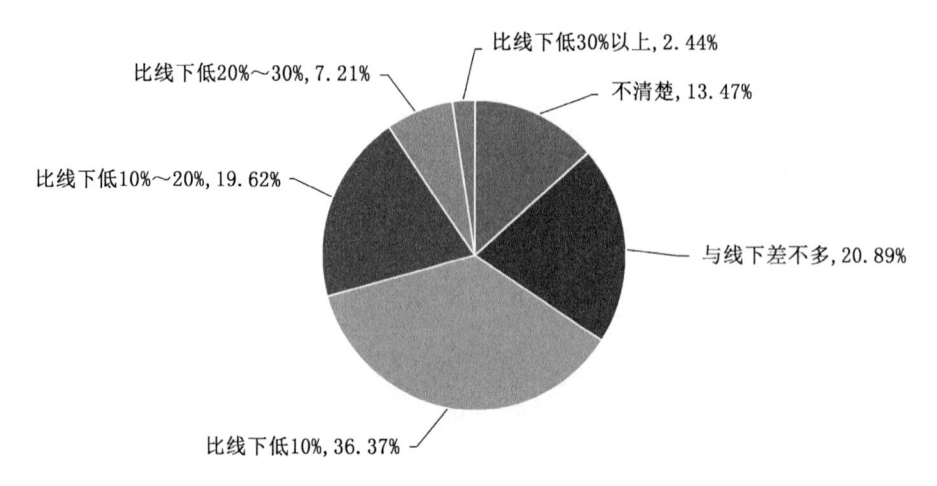

图 4-5 农资网购价格水平

4.2.6 农资网购物流情况良莠不齐

在农资网购物流运输方面,根据问卷分析,发现物流到达情况良莠不齐。其中,物流到县占比 12.59%,到乡镇占比 39.87%,到村占比 20.57%,到户占比 15.22%(见图 4-6)。可见,在网购农资配送方面还不够理想,需要迫切解决农村物流最后一公里的问题。

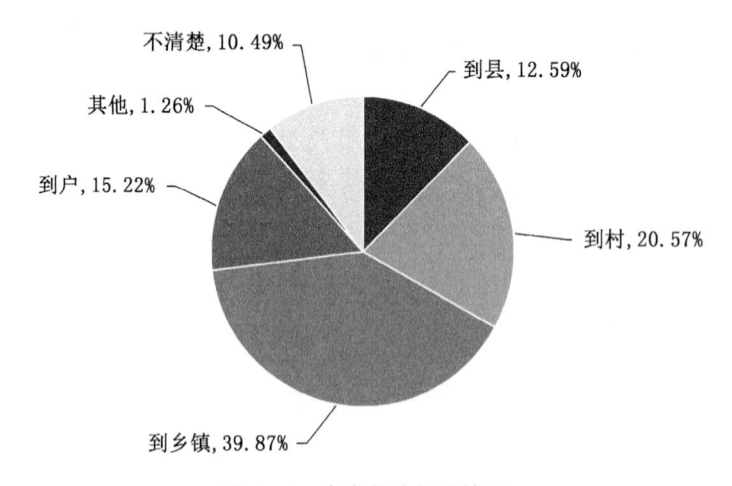

图 4-6 农资网购物流情况

4.2.7　农资网购占比情况不一

在农资网购占比方面,根据问卷分析,发现在网上采购农用生产资料及农机具占总体比重情况不一(见图 4-7)。

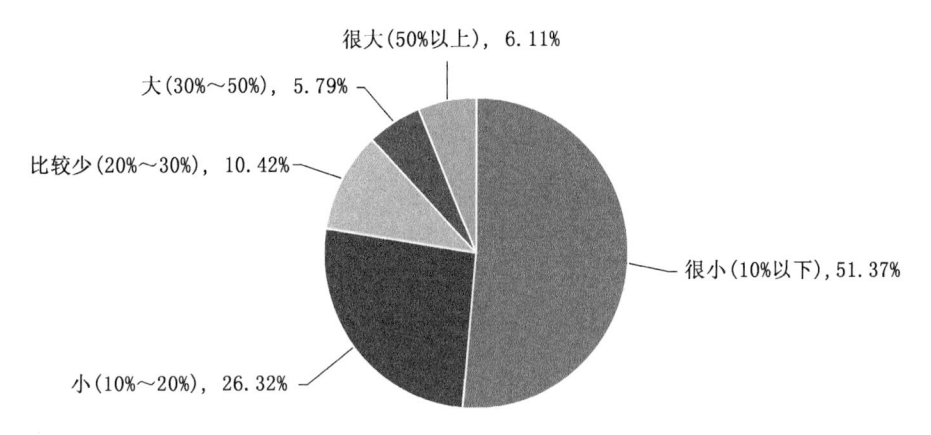

图 4-7　农资网购占比情况

- 很大(50%以上), 6.11%
- 大(30%~50%), 5.79%
- 比较少(20%~30%), 10.42%
- 很小(10%以下), 51.37%
- 小(10%~20%), 26.32%

4.2.8　农资网购付款方式相对单一

在农资网购付款方式选择方面,根据问卷分析,发现在网上采购农机具和生产资料实际或可能使用的主要付款方式为全额付款,占比达 83.88%,而全额借贷、部分借贷、分期付款的方式所占比例都比较小(见图 4-8)。

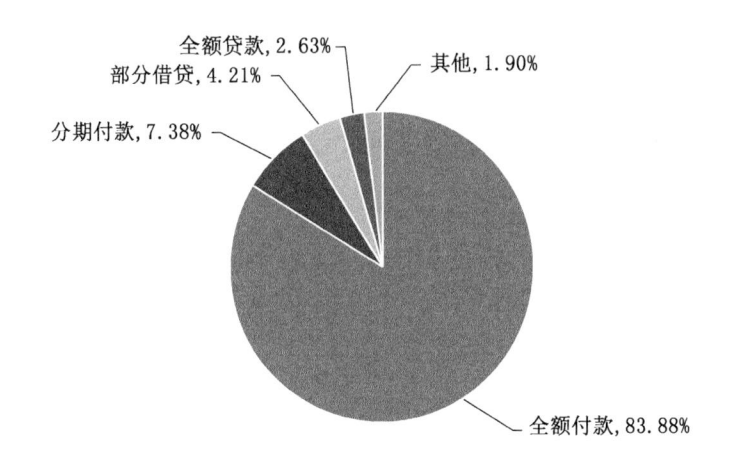

图 4-8　农资网购付款方式情况

- 全额贷款, 2.63%
- 部分借贷, 4.21%
- 其他, 1.90%
- 分期付款, 7.38%
- 全额付款, 83.88%

4.2.9 农资网购预期增量潜力较大

在农资网购预期增量方面,根据问卷分析,发现未来一年网购农资农具的增量可能的占比情况相对比较理想,说明农资网购预期增量潜力比较大(见图4-9)。

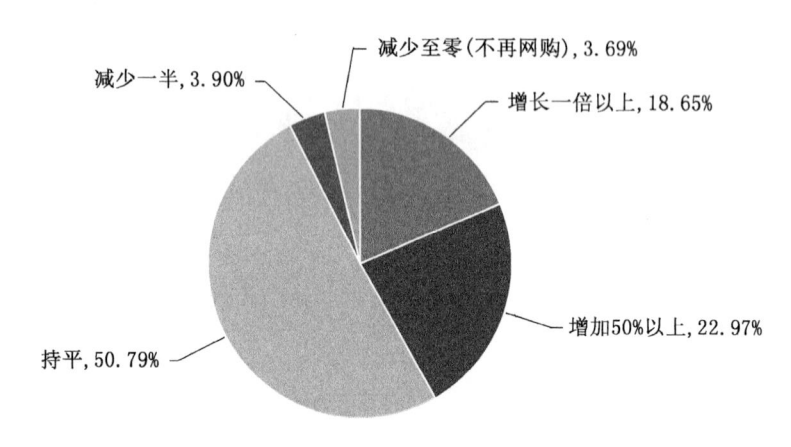

图4-9 农资网购预期增量情况

- 减少一半,3.90%
- 减少至零(不再网购),3.69%
- 增长一倍以上,18.65%
- 增加50%以上,22.97%
- 持平,50.79%

4.2.10 县级农资网购主体单一

从县级调查问卷来看,县级层面通过网络集中采购农资农具或其他经营活动所需要的生产资料占比为29.03%,相对还比较低。县级层面通过网络集中采购农资农具或其他经营活动所需要的生产资料的部门主要为供销社,占比为88.89%。可见,县级农资网购主体单一,没有打破传统的农资市场单一化主体的局面,农户的线下农资采购的自主选择权比较有限。

4.3 农资网购市场发展建议

4.3.1 加大宣传培育农户农资网购习惯

目前,农业农村部正在开展农民手机上网培训和服务,通过对农民开展手机应用技能和信息化能力培训,提升农民利用现代信息技术,特别是运用手机上网发展生产、便利生活和增收致富的能力。对手机上网的追求是当代农民一个非常现实的愿望。农资电商平台可以以此为契机,加大宣传力度,培育农民农资网购习惯。

随着农业生产、经营、管理和服务等环节的手机应用模式的普遍推广,面向农户的各类生产服务、承包地管理、政策法规咨询等基本实现手机上网在线服务完美结合。这样做的好处,一是能够避免农业生产的盲目性;二是推动农业现代化的发展;三是还可以缩小城乡之间的数字鸿沟。

4.3.2　打通农村物流最后一公里

伴随着农村网络覆盖率的提升,我国农村物流市场规模日益扩大。但由于农村居住分散,交通基础设施较差,农资采购种类分散、规模不大,物流成本高、效率低。农村物流网络节点不健全、布局不合理、资源不集约、功能不完善,已成为制约我国物流业健康发展的"短板"和农业现代化建设的薄弱环节。农资网购的发展离不开方便快捷的物流配送,农村大部分地区由于历史的原因,道路不够理想,还不能支持农村电商的长期发展。要畅通涉及千家万户的"毛细血管",打通物流配送的"最后一公里",是迫切需要解决的问题。通过调查发现,只有解决农村公路最后一公里建设的短板,农资网购才能真正做好,国家的惠农政策才能发挥出应有的效应。农村物流作为激发乡村活力、推动农村一二三产业融合的重要手段,被寄予了更高的期望,也将获得更多的发展机遇。

2018年1月,国务院办公厅《关于推进电子商务与快递物流协同发展的意见》提出,要优化农村快递资源配置,健全以县级物流配送中心、乡镇配送节点、村级公共服务点为支撑的农村配送网络。农村物流最后一公里的打通将进一步完善农村的路网结构,降低农产品快速进入市场的经济成本和时间成本,还可以根据市场需求和变化不断调整本地农产品的种植品种,促进本地农村产业结构的优化,促进本地农民的增产增收。解决农村物流最后一公里问题,也是发展农村电商的强力支撑。发展农村物流,打通农产品流通的"最后一公里",提升农村一二三产业融合发展水平,对带动乡村振兴,具有重要意义。

4.3.3 加强全国性农资电商平台建设

目前农资电商平台,多为传统的电商平台的农资频道,如淘宝农资、京东农资等。随着农业供给侧结构性改革对农资质量的要求越来越高,全国性农资电商平台的建设越来越迫切。

在做好全国性农资电商平台建设的同时,要尽快提升农资电商平台运营管理水平,改善客户体验、物流配送等服务,加强品牌塑造和营销推广,提高市场知名度和社会影响力。为农民带来低价质优的农资产品,解决农民技术缺乏、容易买到假货等问题。通过全国性农资电商平台用好农村电子商务惠农工程资金,加快推进全国平台与地方平台对接联合,把系统资源整合利用起来,真正做到全国"一盘棋"。

4.3.4 做好网购农资产品的技术与售后服务

农民选择线下购买农资的主要原因是技术和售后服务的方便。网购农资在这方面仍是短板,还需要继续努力改变这一局面。建议推动推动线上线下融合发展,做好网购农资产品的技术与售后服务。随着我国农村土地三权分置的改革,农民对耕地的管理有了更多的选择,农资电商模式也有了很多创新。对一些缺少劳动力的农户,电商平台不仅可以把农资送货到家,还可以提供代耕、代种、代施肥、代打农药等一条龙服务。目前,农医生、农管家等以植保技术切入的农资网购外延服务,对农民非常有吸引力。对一些资金短缺的农户,不仅可以进行网络借贷,实现金融惠农,还可以采用共享农机等网络驱动下的共享经济模式,减轻农民的农业生产投入,从而更加广泛和更加有效地实现惠农,使农民真正地成为农资网购的受益者。

4.4 结 语

改革开放四十年来,中国经济持续高速增长,成功步入中等收入国家行列,成为名副其实的经济大国。但随着人口红利衰减、"中等收入陷阱"风险累积、国际经济格局深刻调整等一系列内因与外因的作用,经济发展正进入"新常态"。中国经济的结构性分化正趋于明显。为适应这种变化,迫切需要改善供给侧环境、优化供给侧机制,通过改革制度供给,大力激发微观经济主体活力,增强我国经济长期稳定发展的新动力。

2015年12月,中央农村工作会议强调,要着力加强农业供给侧结构性改革,提高农业供给体系质量和效率,使农产品供给数量充足、品种和质量契合消费者需要,真正形成结构合理、保障有力的农产品有效供给。

农业供给体系质量和效率的提高,最重要的环节是做好源头工作,农资作为粮食的粮食,对农业供给侧结构性改革起着决定性作用。因此,必须做好农资供应市场的有效供给,才能真正形成结构合理、保障有力的农产品有效供给。必须打破原有的农资市场运作模式,运用新的运营模式,让利于农民,助力农业生产。

据有关机构测算,目前国内农资市场容量超过了20 000亿元,其中种子、化肥、农药、农机四类农资产品的市场空间分别约为3 500亿元、7 500亿元、3 800亿元和6 000亿元,市场空间巨大,但电商化率很低,农资成为一片全新的电商蓝海。可见,在农业供给侧结构性改革下,农资电商有了新机遇。

第五章

农村网络销售应用报告[*]

2008年以来,电子商务作为新兴现象在农村地区生根发芽。2014年商务部等部委联合推动电子商务进农村示范工程以来,农村产品的上行已经成为农村电子商务发展中承担拉动当地经济、促进劳动力返乡就业的重要力量。

围绕农村开展电子商务销售等状况,课题组根据2017年千村调查的一手数据,重点梳理了农村网络销售的应用现状、存在问题,并提出发展建议:人才培育精细化;强化区域公共品牌构建宣传与推广,并对产品实施全供应链管控;后发地区快速复制先发地区经验本地化,加强引导和培育本地电子商务服务。

5.1 农村网络销售调研内容

农村网络销售,是衡量农村地区开展以电子商务类应用为主要载体的产品上行情况的关键部分,是本次调研的核心内容。具体包括网络销售的基本情况、网络销售产品的情况,农户开展网络销售的策略、面临的问题,物流状况以及电子商务发展效应等内容。

本分报告数据,依据30份定点调查县级问卷和1 083份开始从事网络销售的入户问卷进行分析。

---

[*] 执笔人:崔丽丽。

5.2 以县为单位的农村网络销售现状

县域是我国经济构成的重要基本单元。本部分内容主要基于 30 份县级问卷数据进行分析。

在调查的县域样本中,按照经济情况可分为三类:经济百强县(包括山东省诸城市、浙江省嘉善县和桐乡市);贫困县(包括江西省余干县、重庆市巫山县、云南省永善县、甘肃省古浪县、四川省南江县、贵州省册亨县、安徽省利辛县);其他。按照电子商务发展情况可分为三类:电商百强、百佳县(山东省诸城市、浙江省嘉善县和桐乡市);电子商务进农村示范县(安徽省桐城市、江西省余干县、陕西省周至县、重庆市巫山县、甘肃省古浪县);其他。2016 年全部定点调查县域的网络销售总额接近 520 亿元。

除乐陵市以外,其他定点调查县均已出现网络销售商。从电子商务生态的参与者来看,电商百强县和中东部地区的电子商务进农村示范县均已拥有网商、物流承运商、电商服务商、支持产业和电商园区运营商,形成了较为全面的电子商务生态。

相比较而言,电商园区运营商是较多县域缺失的。针对本地的农产品上行,从县级管理部门的角度出发,多数县域认为缺乏 QS 标准认证是主要问题,其次是产品的运输(见图 5-1)。这在某种程度上反映了县级领导部门对于本地产品上行的症结了解仍不够清晰。

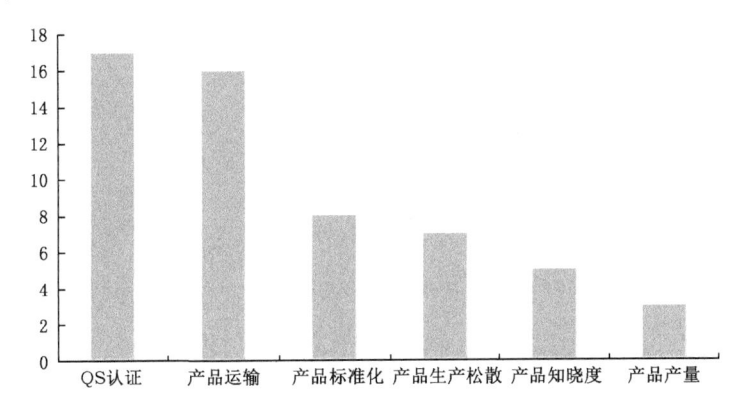

图 5-1 农产品上行的问题(县级管理部门视角)

大多数县域发现电子商务对于农牧渔产业而言,可以发挥使市场信息更为透明、减少中间环节和增加生产端收入的作用,然而并没有明显地促进源头生产的集中。网络销售的发展基本使近80%的县域出现了创业者增加的情况,一半以上的县域本地服务业增加、提取知名度提升,多数县域也出现了返乡人数增加的情况。

5.3 以村民为对象的农村网络销售情况

本部分内容,主要基于1 083份入户问卷中已经开始从事网络销售的农户样本进行分析。

在农村地区以平台商户为主要形式开展网络销售的农户在广大农村中仍属于少数。本次调查中开展网络销售的农户数量约为调查数量的10%~12%,网络销售已经成为农户收入来源的样本量更少,具体情况见表5-1。这一占比呈现出从东部地区向中西部地区逐渐降低的趋势,这与目前我国农村电子商务发展的地区差异情况一致。

表5-1　　　　　　　　　开展网络销售的农户样本情况

	网络销售为主要收入来源的农户	刚开始从事网络销售的农户	从事网络销售的农户总数	占比
定点调查样本	361	209	570	12.21%
返乡调查样本	221	292	513	10.15%
全部调查样本	582	501	1 083	11.14%

5.3.1 农村网络销售的产品情况

通过互联网销售的非农产品略多于农产品,地区差异明显。在调查中,农产品由农牧渔业生产的初级产品、农旅产品和深加工农产品构成;非农产品主要包括手工艺品、工业加工制品、加工食品。从全国整体情况来看,农户在网络销售的产品中,农产品占全部网络销售产品约47.26%,非农产品占比略高于农产品4个百分点。

这在一定程度上表明,我国自 2014 年开始的电子商务进农村工程在推动农产品网络销售方面取得了一定的成效。同时,农产品与非农产品的销售在不同地区之间差异明显,基本呈现为中东部发达地区以非农产品销售为主,西部与东北欠发达地区以农产品销售为主的特征(见图 5-2)。

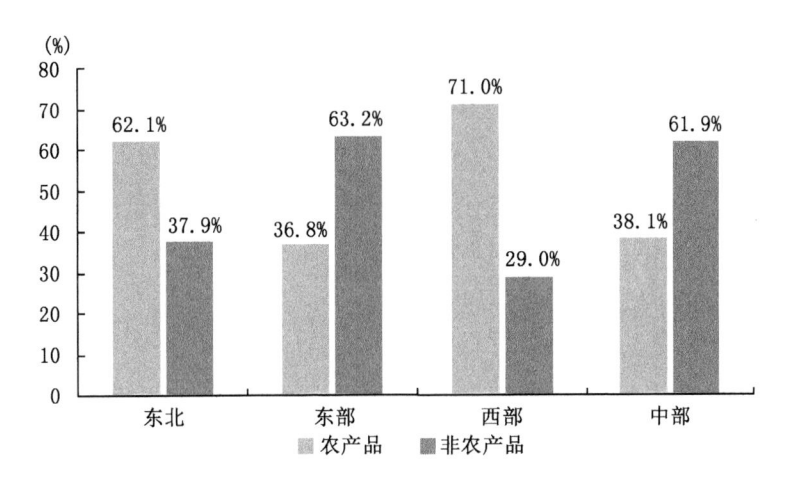

图 5-2　各地区网络销售产品占比

通过互联网销售的产品主要来源于本地,生产仍较为分散。农村地区通过互联网销售的产品主要来源于本地,占比达 83.76%。在这些本地产品(含农旅服务)中,与农产品相关的产品与服务主要来源于零散农户,占比达 40%,这在一定程度上说明目前农业生产分散的现状并没有显著地改变(见图 5-2a)。

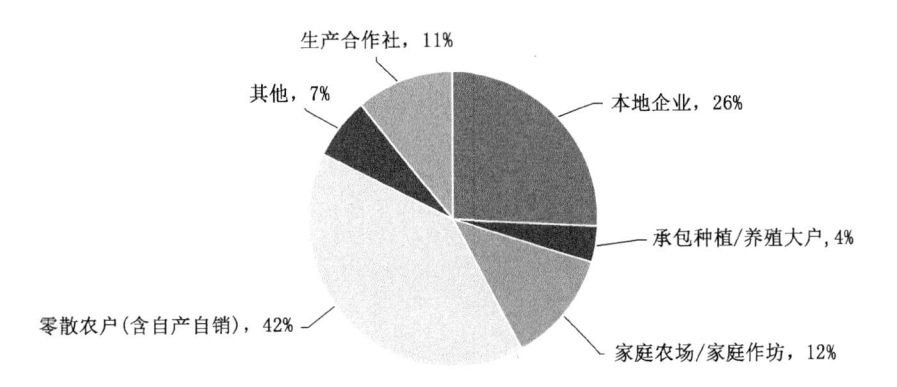

图 5-2a　农村网络销售产品的来源分布

而且,这种情况在欠发达地区最为明显,零散农户生产的农产品占本地网络销售产品,西部地区为 57.75%,东北地区高达 66.67%(见图 5-2b)。

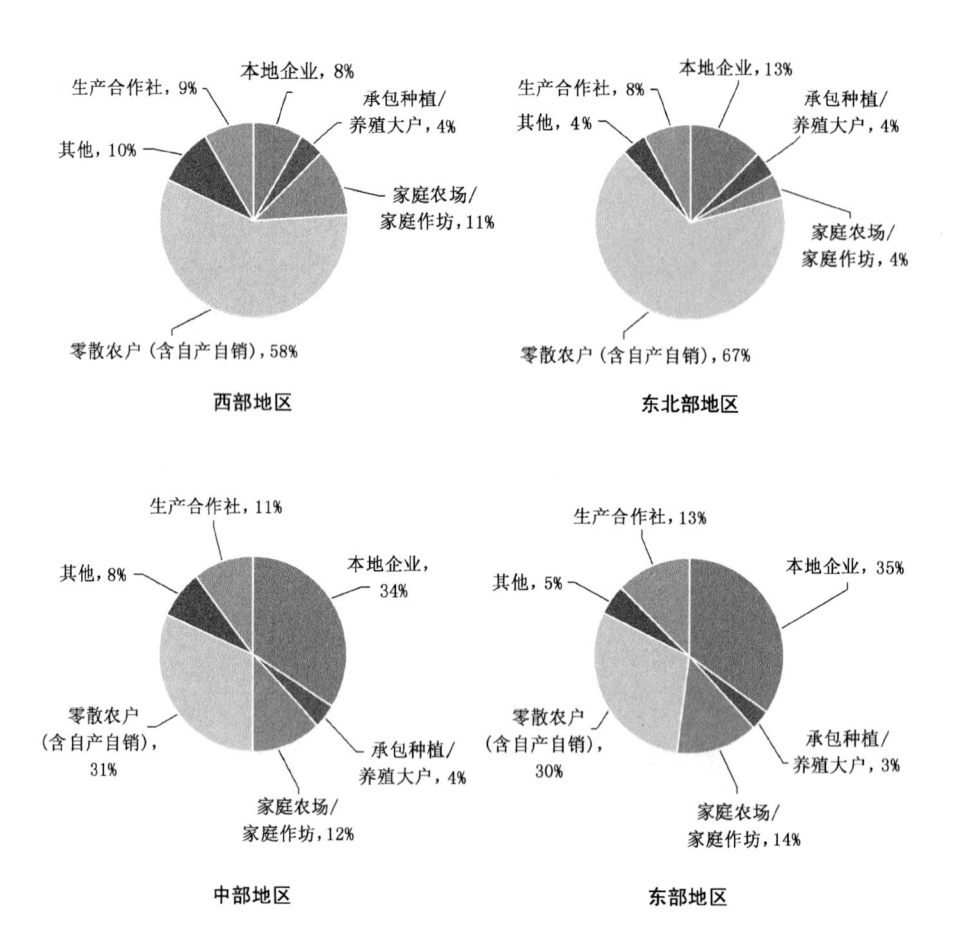

西部地区
- 本地企业,8%
- 生产合作社,9%
- 其他,10%
- 承包种植/养殖大户,4%
- 家庭农场/家庭作坊,11%
- 零散农户(含自产自销),58%

东北部地区
- 本地企业,13%
- 生产合作社,8%
- 其他,4%
- 承包种植/养殖大户,4%
- 家庭农场/家庭作坊,4%
- 零散农户(含自产自销),67%

中部地区
- 生产合作社,11%
- 其他,8%
- 本地企业,34%
- 零散农户(含自产自销),31%
- 承包种植/养殖大户,4%
- 家庭农场/家庭作坊,12%

东部地区
- 生产合作社,13%
- 其他,5%
- 本地企业,35%
- 零散农户(含自产自销),30%
- 承包种植/养殖大户,3%
- 家庭农场/家庭作坊,14%

图 5-2b 各地区农村网络销售产品来源分布对比

5.3.2 农户网络销售的经营情况

通过前二三年电子商务在农村地区的渗透,农村地区的网络销售意识已经有了一定的提高。在销售策略方面,四分之一强的被调查农户都会根据市场情况的判断来组织销售的货源,15.5%左右的被调查农户能够自己打造网络畅销爆款,但仍有约 20%左右的农户没有非常明确的销售策略,这种情况在中西部地区的比例更高,西部地区接近 25%。在产品宣传手段方面,朋友圈传播已经成为首选项(见图 5-3)。

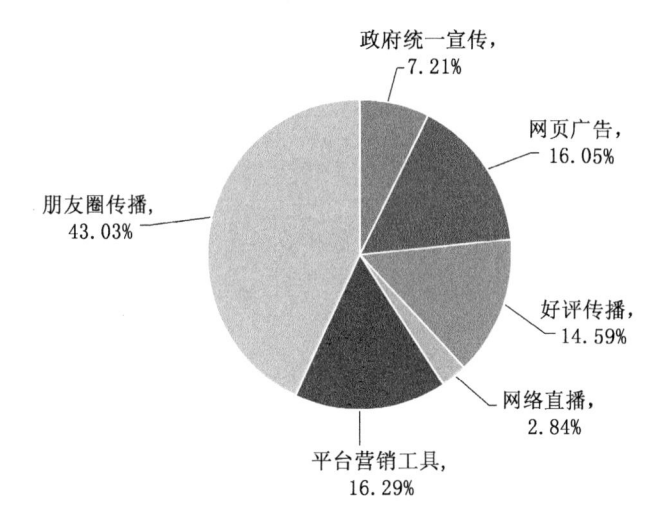

图 5-3 网络销售产品推广的渠道和工具

有意思的是,作为欠发达地区的东北和西部地区,在营销方式的使用上表现出一定的"后发优势":在网络销售推广中朋友圈传播在中西部使用的占比均明显超过东部地区,高出 10%以上;网络直播营销方式的使用在欠发达地区也高于东部地区,西部地区使用比例最高(见图 5-4)。

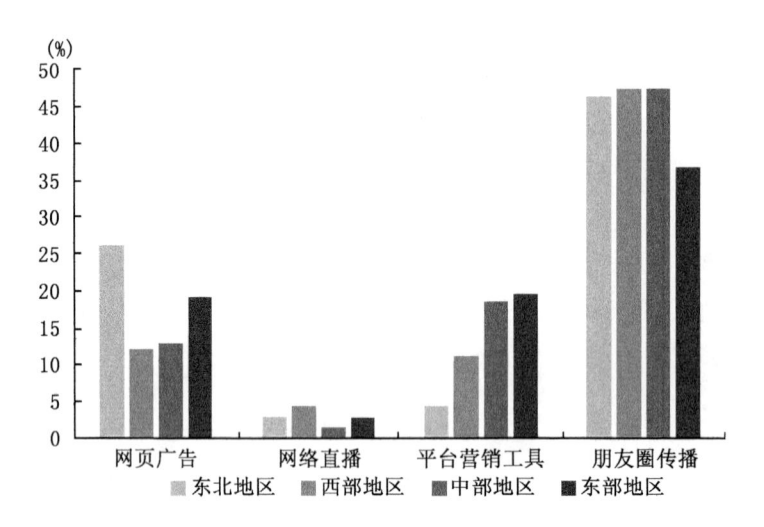

图 5-4　各地区网络销售采用的营销方式

在宣传和传播方式方面,政府统一宣传在欠发达地区的比例也都在 9% 左右,高于东部地区的 6.5%(见图 5-5)。

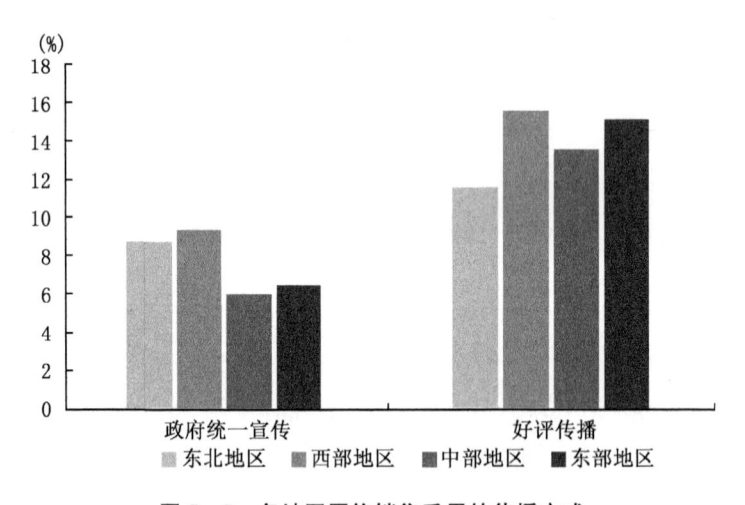

图 5-5　各地区网络销售采用的传播方式

在销售策略引导部分,政府没有发挥应有的作用,有政府引导网络销售的农户占比仅为 5%(见图 5-6)。

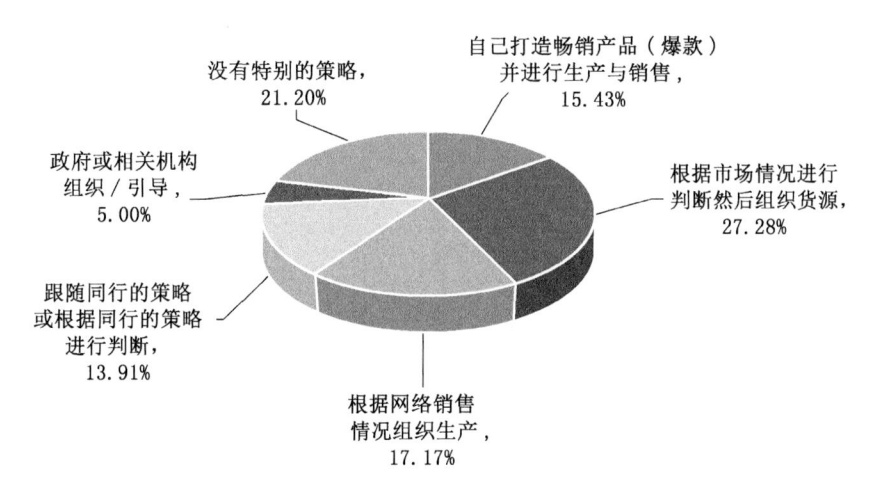

图 5-6　网络销售商户的经营策略

5.3.3　网络销售及其周边产业发展情况

绝大多数开展网络销售的农户仍属于小微经营，近 90% 的农户从事网络销售的用工人数在 6 人以下，绝大多数都属于小家庭为单位的经营（见图 5-7）。

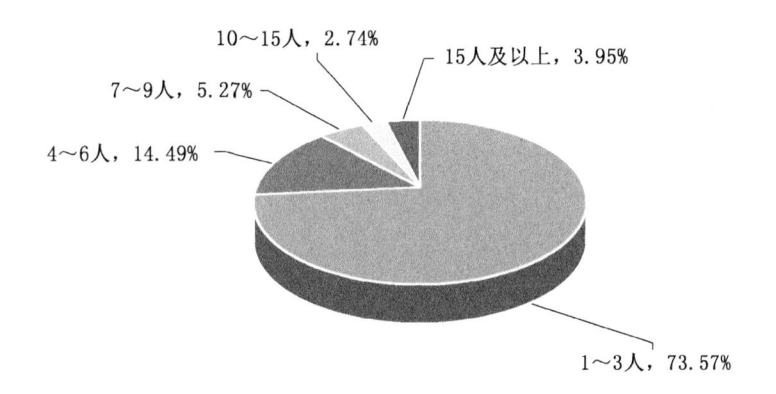

图 5-7　网络销售商户的用工规模

90% 以上的用工来源地域范围不超过本乡镇，多为家庭人口。从某种程度上说，这样的用工形式既可以满足家庭集中生活的需要，又可以实现在本地就业创收（见图 5-8）。

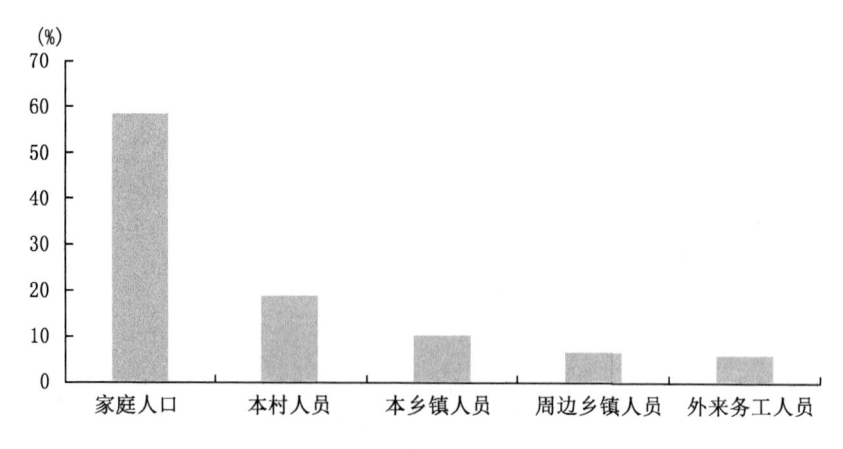

图 5－8　网络销售商户的用工地域范围

在网络销售得到发展的同时，电子商务周边产业也逐渐成熟。物流快递业的发展，使得从农村到周边省会城市或一线大城市的物流成本得到了控制，基本能够实现到省会城市或一线城市物流首重（1 千克内）10 元以内的价格（见图 5－9）。

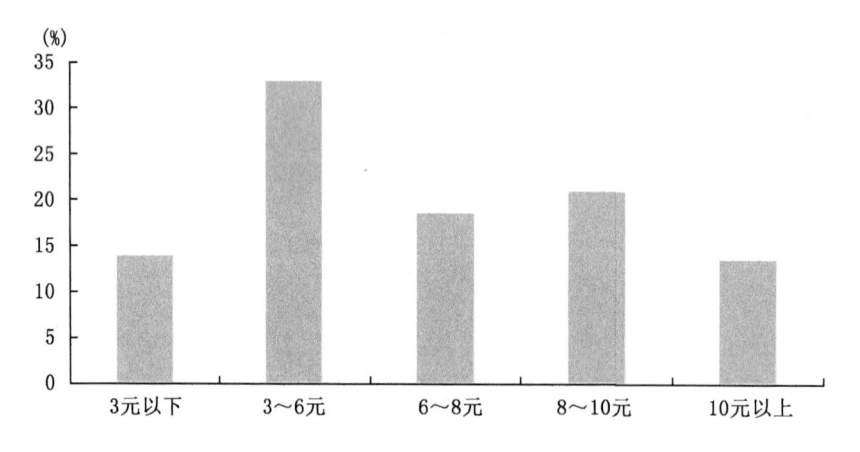

图 5－9　至周边省会城市或一线城市的物流首重价格

近一半的地区可以实现每天至少收寄包裹一次。收寄频率最高的是东部地区，东北地区 2 天一次较多，中部地区相对较为均衡，西部地区 5 天及以上收寄的比率较高（超过 20%），说明西部地区物流条件仍不便利（见图 5－10）。

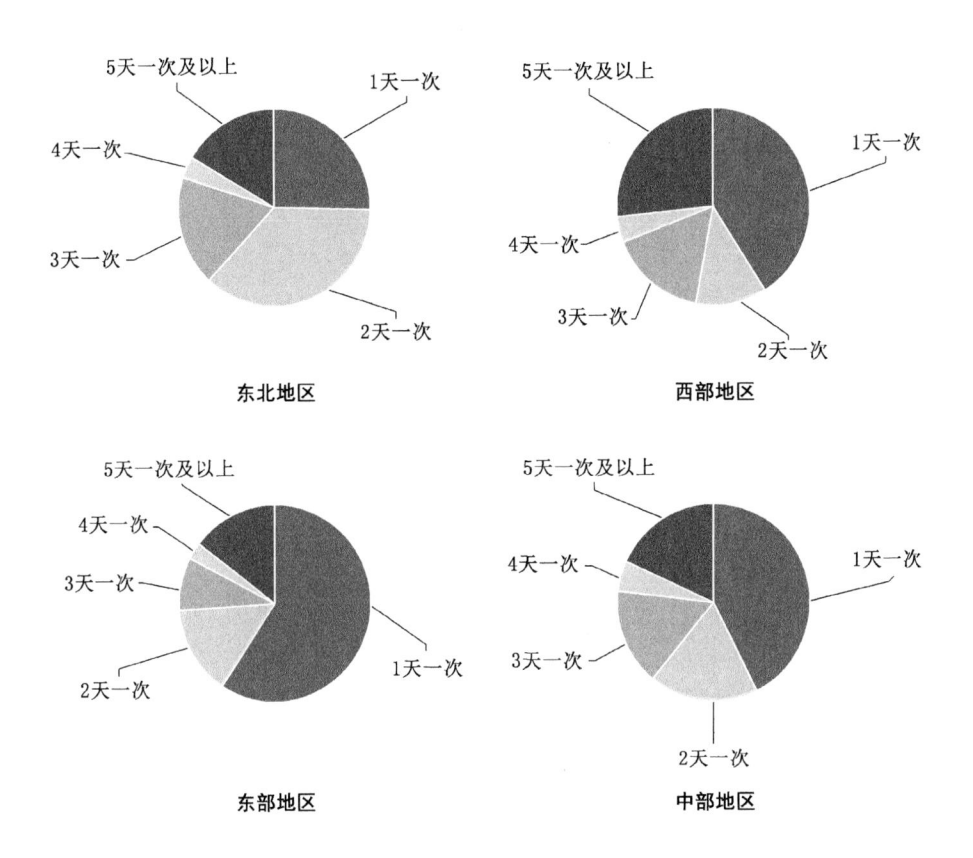

图 5—10 各地区物流包裹收寄频率对比

5.3.4 网络销售发展的瓶颈

然而,在发展网络销售缺乏的能力或资源排序中,各地基本表现一致:缺乏专业技能与知识、经营资金和专业服务资源。缺乏专业技能与知识的接近50%,缺乏经营资金的有20%左右(见图5-11a)。

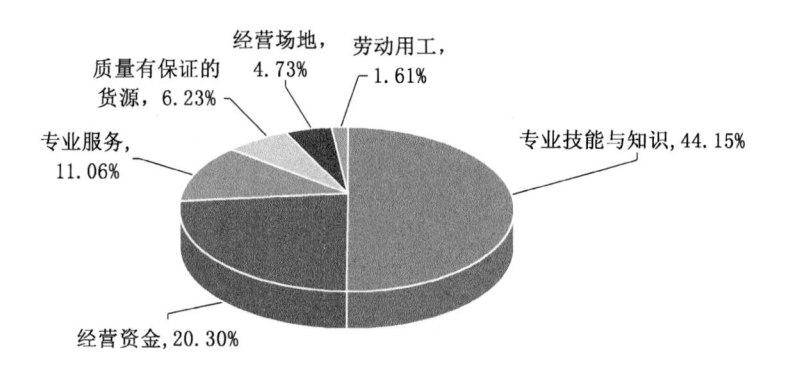

图 5—11a 发展网络销售缺乏的能力或资源

就地区差异而言,西部地区对专业技能与知识、经营资金的需求是最高的。西部地区约 1/4 以上的被调查者缺乏经营资金。近年来人口迁出的集中区域——东北地区,存在劳动用工的稀缺问题。经营场地在东部地区的需求缺口略大于其他地区(见图 5－11b)。

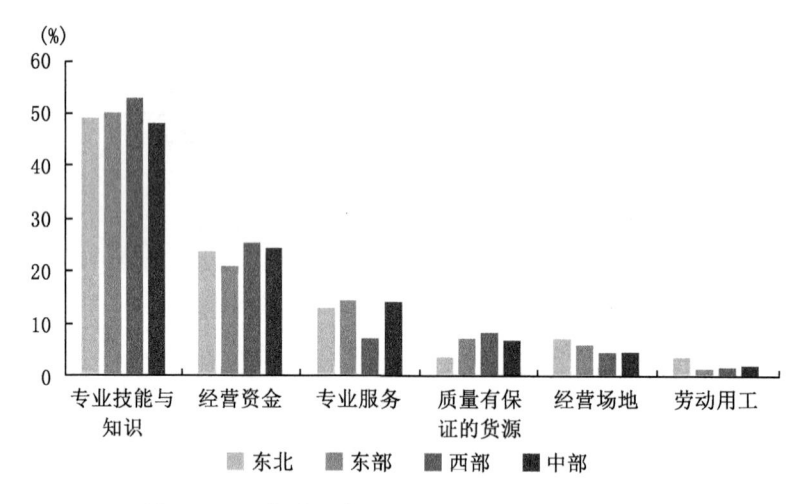

图 5—11b 各地区发展网络销售缺乏的能力或资源

近年来,各地区商业银行开展的针对电子商务经营的小微创业贷款在网络销售发展中发挥了一定的作用。然而,经营资金仍是困扰网络经营商户发展的主要问题之一。从调查数据看,经营资金的主要来源还是传统的亲友融资,占比近 60%。基于电子商务平台的经营资金借贷在中东部地区的占比可

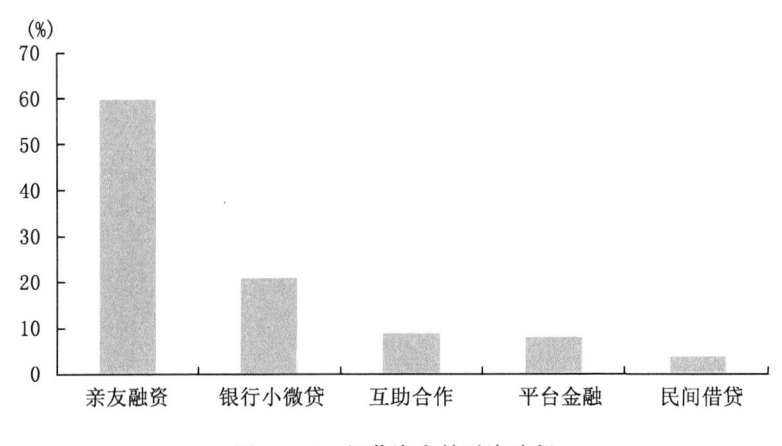

达10%左右,而在东北和西部地区仅为2%~3%(见图5-12)。

图5-12 经营资金的融资途径

5.3.5 网络销售发展显现社会经济效益

网络销售的发展对家庭收入、本地创就业环境以及其他社会问题均有一定的促进或改善作用。从事网络销售以后,家庭收入增加或显著增加的占50%以上。60%以上的人认为创业与就业环境有较大的改善(见图5-13)。

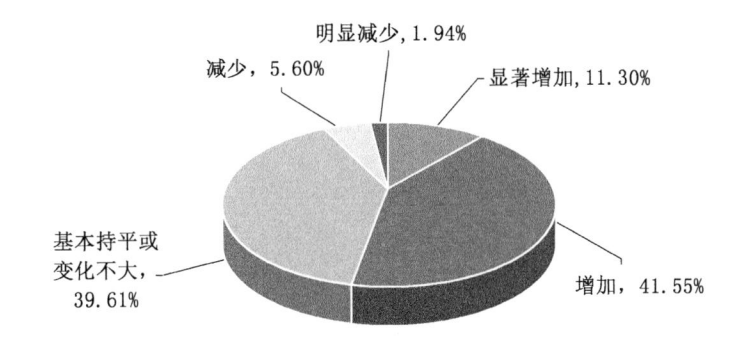

图5-13 网络销售对家庭收入的影响

在农村地区现存的经济社会问题中,网络销售发展对经济状况改善的认同是最高的(接近50%),其次是对留守问题改善的认同(超过30%)(见图5-14)。

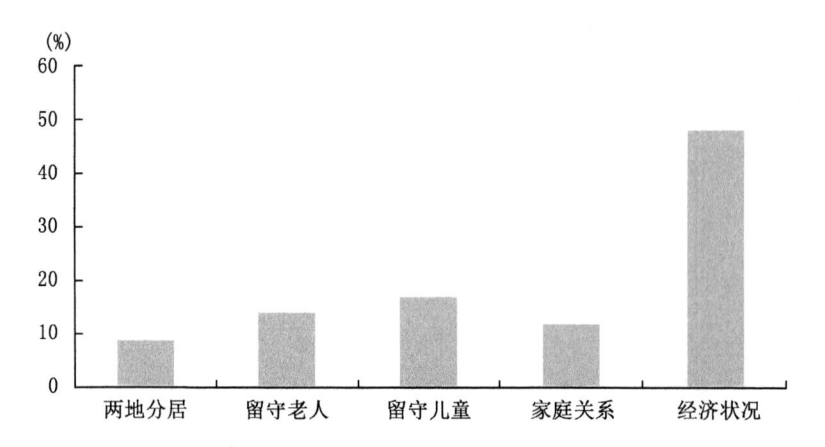

图 5-14　网络销售对现存经济社会问题的改善认同情况

在基础设施条件的改善、地区知名度的提升方面,包括人群精神面貌、社会风气等,网络销售也起到了积极的作用(见图 5-15)。可以说,电子商务作为推动我国实现乡村振兴的重要手段,已经开始发挥作用。

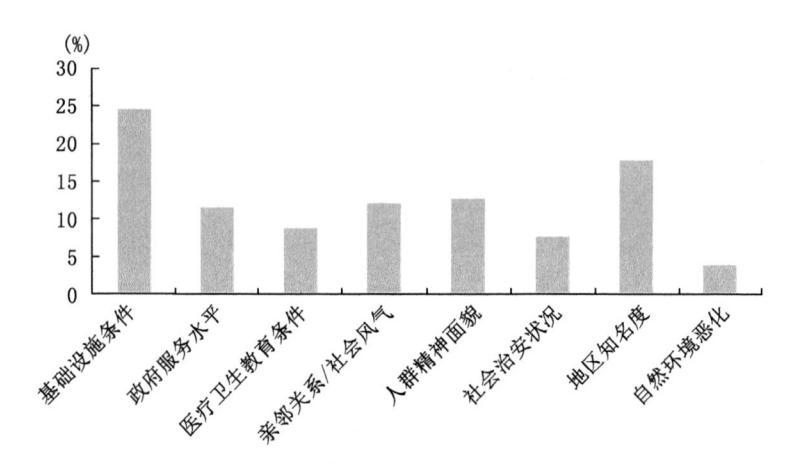

图 5-15　网络销售发展对于地区各方面条件改善的认同情况

此外,调查中还设计了针对网络销售商户在形成使用网络的习惯后,是否会对其在网上购买生产经营的物资有促进作用。调查数据表明,会有一定的影响(见图 5-16)。

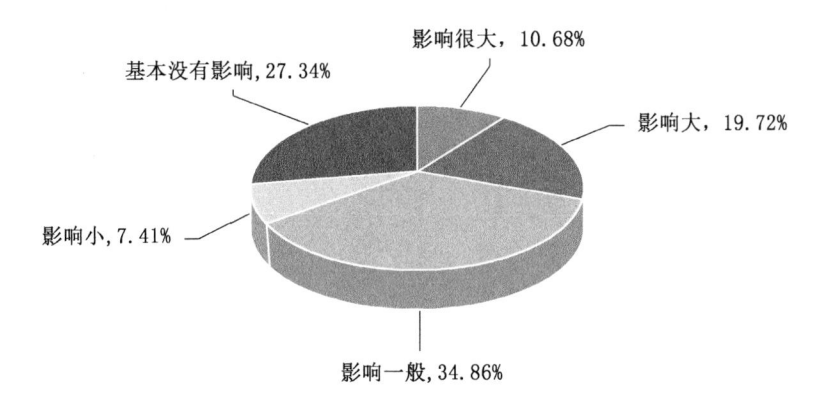

图 5－16　网络销售发展对农户采购生产资料行为的影响

5.4　推动农村网络销售发展的建议

从一些电子商务特别是农村产品上行较为成功的地区经验可以发现,电子商务对促进本地区经济发展、产业形成与升级、环境改善等多个方面有重要的作用。为了充分发挥电子商务"新动能"作用,助推乡村振兴的实现,必须"小步快跑",实现精准、集中地打击阻碍农产品上行的老大难问题。快速复制先发地区经验,实现本地化;加强人才培育精细化,统一区域品牌打造。根据市场需求管控供应链,针对农村产品网络销售提出以下建议。

5.4.1　人才培育精细化,重点开展差异化的网络销售技能培训

经过 2014—2018 年几轮电子商务进农村示范县工程的推进,多数地区都已经开展了为数不少的电子商务相关培训。然而,很多培训流于基础操作和表面知识,无法满足电子商务平台竞争日益激烈商户提升销售水平所必需的各种专业技能。为此,在开展普及性电子商务知识与技能培训的基础上,各地应针对本地出产的产品特点、本地存量人才的情况以及本地创业者开展电子商务的主要平台或渠道,有针对性地开展更高阶、更细分、更专业的培训。例如,以轻工业制品为主要销售对象的地区,除了在国内电子商务平台上进行网络销售以外,还可以开拓跨境电子商务平台能够辐射的市场,有针对性地开展

跨境电子商务平台销售的经验，并有意识地培养外语相关人才。

5.4.2　针对地区知名产品，应强化区域品牌构建与宣传推广，联合企业对产品实施全供应链管控

俗话说"靠山吃山，靠水吃水"，各地网络销售的产品仍以本地出产的物产为主。特别是欠发达地区，主要销售的是绿色的地产农林牧副渔产品。这类产品拥有独特的风味，但同时伴随的是生产分散、产量不稳定、质量不统一、生产流程非标准等一系列问题。如何让偏远地区的特色产品通过电子商务走出去，既符合市场需求，又保留产品特色？首先，"壮名声"，需要地方政府统一构建区域性地标产品品牌，并加强宣传与推广；其次，针对产品品质、供应问题，联合企业齐抓共管，必要时可以下沉到产品供应链进行管控，以稳定并提升产品的市场体验。

5.4.3　针对电子商务后发地区，快速复制先发地区经验并本地化，加强引导和培育本地电子商务服务

东北地区和西部地区的电子商务应用发展相比中部地区和东部地区较为缓慢，因此，应加强这些地区的电子商务应用的发展。平衡各地区电子商务发展水平，是农村电子商务发展的重要环节。首先，应加强对电子商务应用欠发达地区的指导，提高其电子商务应用水平，完善电子商务创业金融配套服务；其次，东北地区和西部地区更多地以农产品为主要物产，应更加重视电子商务上行的发展，除在政府层面提供相应的政策以外，更应注重电子商务生态环境的构建。例如，可以联合本地金融机构推出更有利于电子商务创业者发展的融资服务，充分吸收电子商务先发地区的成功经验，必要时可以直接引进先发地区的电子商务服务商，以实现快速的模式复制与本地化迭代。做大本地电子商务创业群体规模，提升现有电子商务创业群体的个体规模，加快后发地区的电子商务发展。

5.5　结　语

网络销售的发展确实显现出了其对于乡村振兴的特殊促进作用。然而，当前农村地区销售的更多以工业加工制品为主。农产品上行的工作，必须要解决产品品牌、产品商品化、物流通路等重要问题。因此，一方面需要加强农民的"内功"——帮助他们提升产品品质，另一方面更需要专业人员助力品牌打造与传播、产品标准化以及物流网络的疏通与保障。只有这样，才能真正发挥电子商务在欠发达地区实现"青山绿水就是金山银山"的赋能作用。

第六章

农村数字普惠金融应用报告[*]

农村客观存在着大量的金融服务需求,互联网应用在农村的普及给数字普惠金融带来了新的机遇,基于互联网的金融服务正渗透农业、农村、农户的生产、流通、消费各环节和领域,农民是数字普惠金融的重点服务对象。但实际调查结果显示,农村地区有很多人仍然得不到正规有效的金融服务,互联网金融服务供应方和农民需求方之间并不能很好地对接,众多互联网普惠金融产品的知晓率和使用率都很低。

课题组根据2017年千村调查的一手数据,重点梳理了农村互联网普惠金融发展的现状和造成停滞问题的成因,提出对策建议:重视供需匹配,推进农村数字普惠金融发展。

6.1 农村数字普惠金融调研内容

普惠金融(Inclusive Finance)的概念,是2005年由联合国提出的,指以可负担的成本为有金融服务需求的社会各阶层和群体提供适当、有效的金融服务。其中,小微企业、农民、城镇低收入人群等弱势群体是普惠金融的重点服务对象。

十余年来,金融的普惠服务经历了"小额信贷—微型金融—传统普惠金

---

[*] 执笔人:劳帼龄。

融—数字普惠金融"的演变和发展。同时，衡量金融的普惠性，不仅仅看融资需求的满足程度，也包括存取款、转账、支付等诸多基础金融服务的可获得性。

互联网普惠金融，又称数字普惠金融。农村数字普惠金融，作为农村互联网应用的重要领域，是本次调研的重点内容。它包括农村数字普惠金融的知晓情况、农村网民对于数字普惠金融的使用意愿、数字普惠金融目前在农村地区的使用情况和地区差异，以及农村金融服务机构现状等内容。

本报告的数据，涉及两个不同年份的比较，比较样本来自 2015 年的 766 份村问卷和 2017 年的 603 份村问卷，对于 2017 年的分析，数据来自该年的 30 份定点县问卷、603 份村问卷和 9 748 份入户问卷。

当问及互联网普惠金融应用问题时，87.51%（定点的比例更高，为 91.89%）的被访者都听说过，且 81.21%的被访者使用过（见图 6-1）。

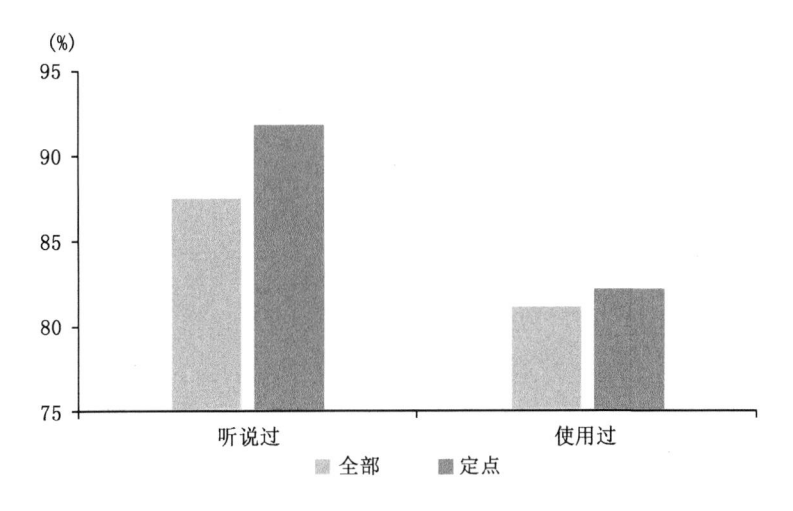

图 6-1　农村数字普惠金融知晓度和使用度

在普惠金融的使用者中，使用年限在 2 年以上的用户比例已达 55.68%（见图 6-2）。

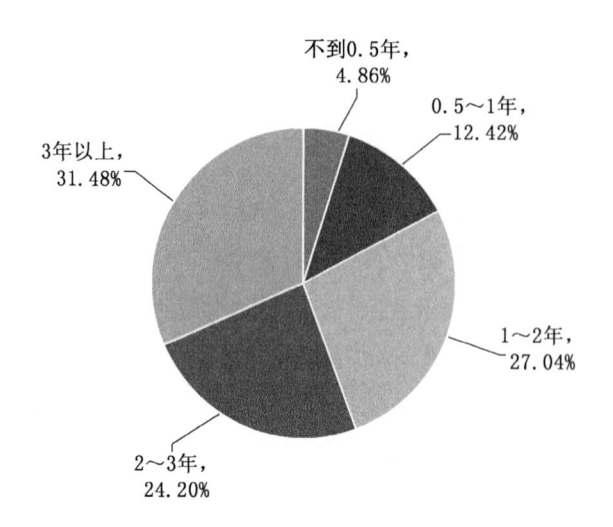

图 6—2　农村数字普惠金融使用年限

但是当仔细询问其使用情况时,得到的大多数回答是"只使用过支付宝/微信支付"。在农户眼中对于互联网普惠金融的认识,大多仅止步于支付宝/微信支付,普惠金融似乎并不普及。

6.2　农信社、邮储行、农商行是农村地区金融服务的主力机构

2015年和2017年,上海财经大学"千村调查"两次把调研的目光落在为农村地区提供金融服务的机构上。从调研数据看,为农村地区提供金融服务的机构主要集中于8类(多选结果),其中提供服务最多的是农村信用社,有68%的农村使用了农信社提供的金融服务(见图6-3)。

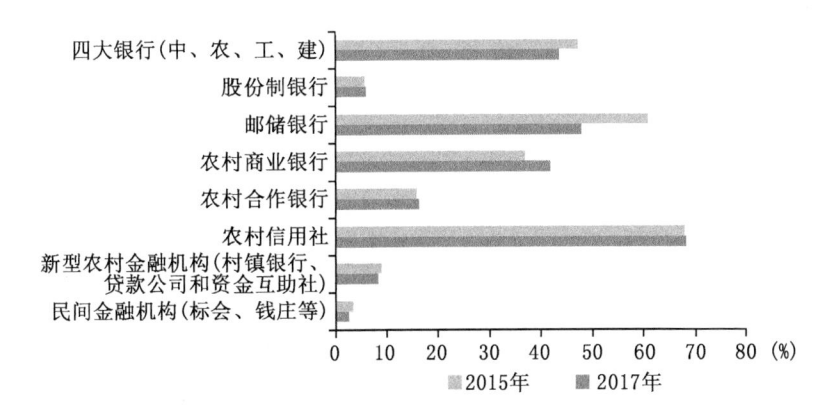

图 6-3　农村金融服务机构年度变化

若按照提供金融服务的机构占比来看,根据调研数据,2015 年的情况如图 6-4。其中,农村信用社占比最高,为 27.5%;其次是邮储银行,为 24.7%;第三名是四大银行(中、农、工、建),占 19.1%。

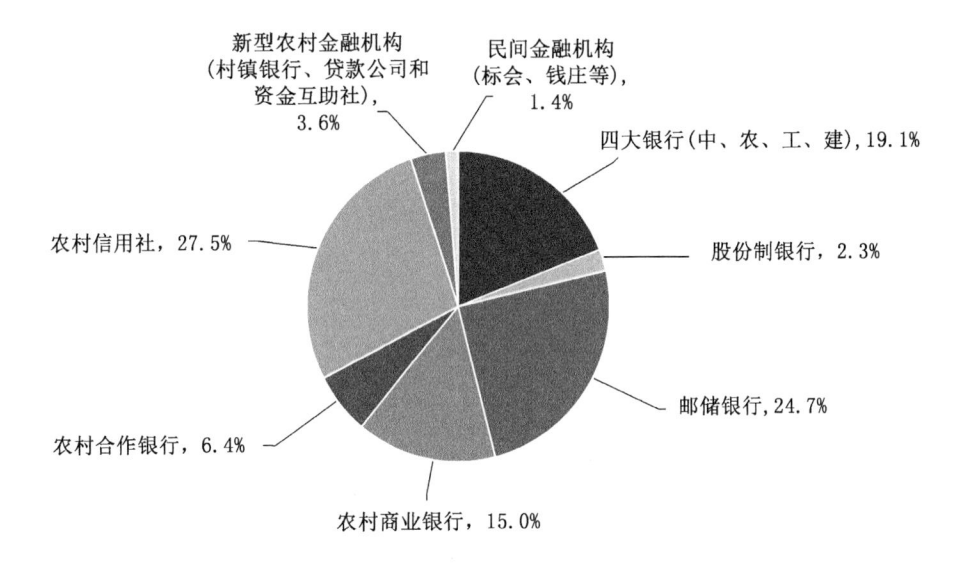

图 6-4　农村金融服务机构市场占比(2015 年)

从调研数据看,2017 年高居榜首的依然是农村信用社,占比上升为 29.1%;第二名依然是邮储银行,但占比下降为 20.5%;第三名为四大银行

（中、农、工、建），占比下降为 18.6%；第四名是农村商业银行，占比快速上升为 17.9%（见图 6-5）。

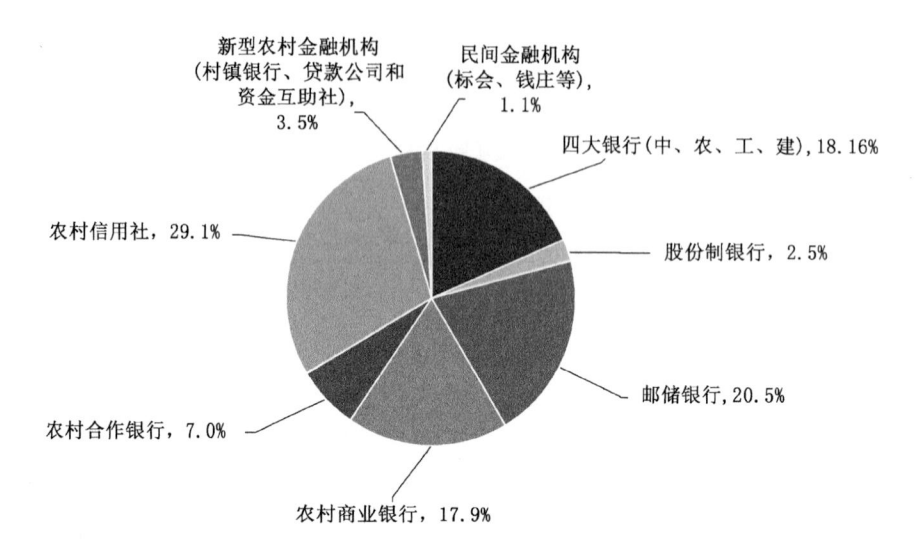

图 6-5 农村金融服务机构市场占比（2017年）

为使数据更具可比性，课题组选择 2015 年和 2017 年的定点调查数据进行对比（两年的定点调研地区完全一样）。从图 6-6 的比较可以看到，2015 后和 2017 年，虽然前两名都是农村信用社和邮储银行，但定点区域的农村商业银行占比上升迅速，已超过四大银行（中、农、工、建），成为第三名。

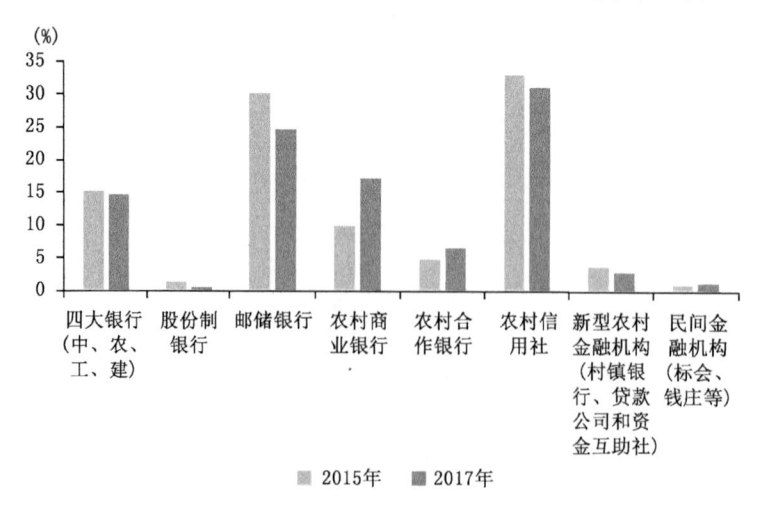

图 6-6 定点调研地区金融服务机构年度变化

6.3 农村数字普惠金融的地区差异明显

2017年的"千村调查"注重从金融服务使用者和提供者双向的视角来调研农村地区在互联网支持下的普惠金融应用。

从调研数据分析,参与调查的农村网民中,对于互联网普惠金融的平均知晓度为87.51%,使用度为81.21%。从地区比较看,东北地区落后明显(见图6-7、图6-8)。

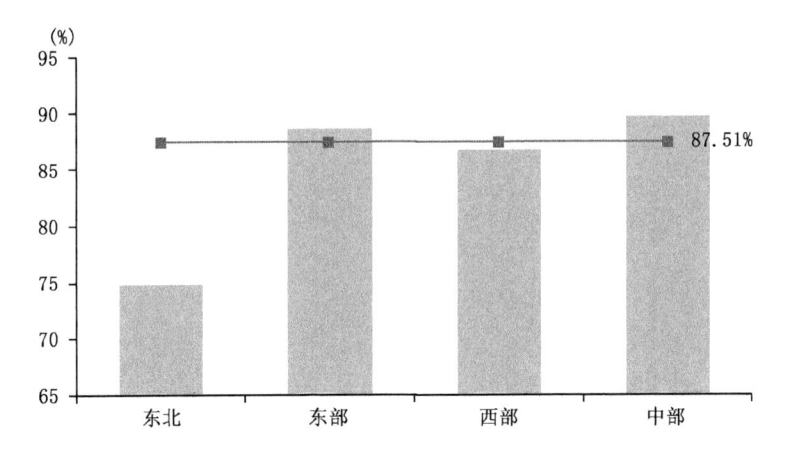

图6-7 农村数字普惠金融知晓度的地区差异

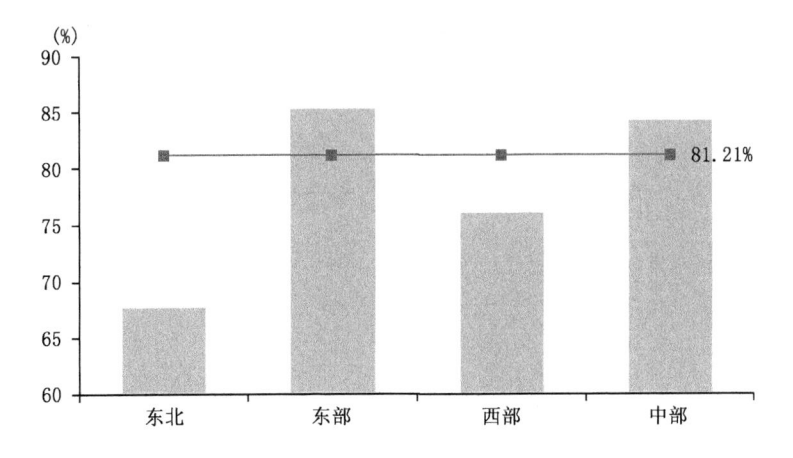

图6-8 农村数字普惠金融使用度的地区差异

根据国内数字普惠金融领域专家、上海黄金交易所焦瑾璞理事长的建议,同时参考 2017 年 5 月 5 日国内数字普惠金融实践家、海南农信社陈奎明主任在上海金融中心"创新背景下的普惠金融"论坛上介绍的实际应用经验,课题组在设计金融机构面对"三农"服务最为重要的贷款问题时,考虑到贷款时的实际征信检查需要,不盲目追求贷款发放的互联网化,把重点放在放贷后能否通过互联网还贷、续贷上。

以定点县为对象,针对金融机构进行调查,面向农村的小额贷款在放贷后其还贷或续贷是否可以通过互联网进行,通过互联网进行的农村放、还、续贷业务占整个面向农村小额贷款业务的比例如何。调研结果发现,东北地区在互联网金融业务的普及上落后于其他地区,这也间接解答了该地区农户对农村数字普惠金融知晓度和使用度落后的原因(见表 6-1、图 6-9)。

表 6-1　　　　　　　　　互联网贷款业务各地区比较

互联网贷款业务占农村小额贷款业务的比例	东北	东部	西部	中部	全样本
不到 5%	100%	14%	75%	55%	54%
5%~10%	0%	29%	25%	18%	21%
10%~20%	0%	29%	0%	0%	7%
20%~30%	0%	14%	0%	0%	4%
30%~50%	0%	14%	0%	9%	7%
50% 以上	0%	0%	0%	18%	7%

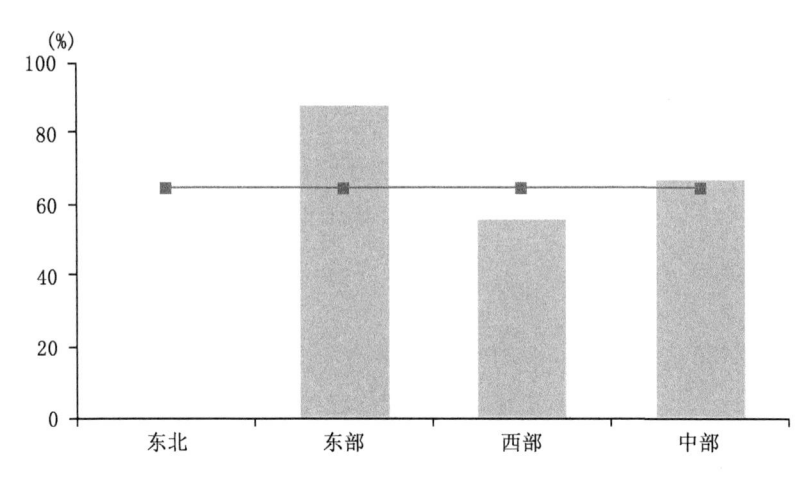

图 6-9　互联网还贷、续贷的地区差异

与以往普遍认为西部地区相对较为落后的固有认知不同,调查数据显示东北地区在农村互联网普惠金融应用领域明显落后。看来,东北振兴不仅要振兴老工业基地,包括农村数字普惠金融等应用在内的乡村振兴也应引起大家的重视。

6.4　农村数字普惠金融服务停滞不前的供需双方原因分析

上文揭示的地区差异,已经部分可以看出是由供需所造成的,下文分别从供需两方面进一步分析。

6.4.1　需方分析:农户

6.4.1.1　农户普遍学历低

调查结果显示,上网的农户中学历为小学的,对普惠金融的知晓度为78.09%,使用率为68.23%;学历为初中、中专或高中、职高、技校的,对普惠金融的知晓度为93.77%,使用率为81.45%;学历为大专以上的,对普惠金融知晓度为97.41%,使用率为88.64%。可以说,学历越高,对普惠金融了解、认可接受、实际使用的程度越高。但是，调查的村民中，初中、中专或高中、职高、技校学历的占比达 65.35%，而大专以上学历的人只占 19.01%。

农户的学历一定程度反映出农民对金融知识、对互联网应用功能的了解欠缺。在智能手机普及的今天，农民对互联网的理解仍止步于在农闲时与亲戚朋友聊聊天、看看微信信息，至于其他应用则很少。

6.4.1.2 农户收入水平低

调查的农户中，61.06%的年收入为 5 000～50 000 元，年收入 5～10 万元的占比为 23.25%。对收入水平的要求成了农民得到正规金融服务的一个跨不过去的门槛——农民没有高价值的抵押物，银行等金融机构难以得到信用保证，且由于农业收入常受到自然因素的影响，标准化的征信体系难以建立。所以，即便金融服务有了互联网工具的支持，也会面临同样的问题。

6.4.1.3 农户的信任感低

调查中，很多农民对自己上网行为的描述都是"看看可以，只要收费马上关掉"。较低的信任感和风险规避会使得农民面对陌生的产品服务有着本能的怀疑和不信任，排斥这些新生的互联网普惠金融产品。调研显示，对于目前尚未使用普惠金融的农户，当询问"即使有普惠金融，你也不使用的原因"，33.13%的回答是："不安全"。除了对新兴事物不主动轻易尝试外，他们还有较强的观望心理，即谁也不愿意去做实验鼠，往往要多方打听，结合村里一些人的使用经验，才敢迈出尝试的第一步。

6.4.1.4 农户的互联网技能低

缺乏互联网使用技能，即使有再丰富的服务应用也无用武之地。调研显示，对于目前尚未使用普惠金融的农户，当询问"即使有普惠金融，你也不使用的原因"，44.99%的回答是："不会用"。农民对于互联网使用技能培训的渴望程度高达 72.98%，但却很少有机会得到这类培训。从对村的调查来看，过去一年里各村有关互联网方面的培训仅开展 2.08 次，平均累计培训时间 7.83 小时，这可以说是远远不够。对选项术语的不理解，对操作流程的不熟悉，会导致农户的互联网使用范围小、活动种类单一，他们只能从微信这类顺应人类交流本能的应用中获得上网的感性认知。

6.4.2 供方分析：金融机构

6.4.1.1 对农户的特殊性了解不够

"互联网＋"战略的推进,对互联网服务行业深入、全面地了解消费者有很大帮助。但是传统金融在农村的发展状况并不乐观,农村的互联网金融发展还在开始阶段,连互联网本身对一些农民来说还属于新东西,农村金融活动数据积累必然是十分有限的,这就对互联网金融服务公司的产品定制提出了挑战。

但是,对于农民使用互联网的熟练程度有限的实际情况,很多互联网普惠金融开发的产品却欠缺这方面的考虑。调查中农户有16.21%选择了需要在操作方便方面改进,14.77%选择了需要完善使用帮助或辅助。

6.4.1.2 让农民觉得透明度不够

在调研中询问农民朋友对互联网金融服务产品的看法,很多人的回答是,觉得这样的金融服务机制不够透明,不能给他们的财富提供足够的保障,当询问"从你的使用经验看,普惠金融服务,目前最需要解决的问题是",有50.42%的农民选择了"安全"。

6.4.1.3 适合的产品设计不够

调查显示,在已经使用普惠金融产品的农户中,若剔除个人消费这一应用点,围绕购买化肥农药、经营中的资金周转、教育医疗、财富增值等应用点,有60.87%选择了经营中的资金周转,可见农业生产相关经营中的资金支持,是对三农最重要的支持。若撇开安全因素,围绕使用问题,31.29%的被访者认为与是否有合适的产品有关。

6.4.1.4 产品推广力度不够

调查显示,对生产性贷款(旺农贷、丰收贷、翼龙贷等)的知晓率仅为10.32%,甚至低于消费性贷款(蚂蚁花呗、京东白条等)25.66%的知晓程度,知晓率尚且如此之低,使用率可想而知。调查结果中微信支付宝和网上银行转账占据了普惠金融使用的大半壁江山,而生产性贷款(旺农贷、丰收贷、翼龙贷等)的使用率仅为 2.51%。

6.5 重视供需匹配,推进农村数字普惠金融发展的对策与建议

需求方的四个"低"严重影响了农户对普惠金融的认知和采纳,供给方的四个"不够"直接影响了农村普惠金融的推广。虽然看似只需要供需双方加强匹配就可以了,但这里政府相关部门的推进促动不可或缺。

6.5.1 加强互联网普惠金融的宣传普及和培训应用

从前几年的国际经验看,肯尼亚通过手机银行将服务送达缺乏物理网点的穷乡僻壤,巴西通过代理银行模式有效拓展了金融服务的覆盖面。目前在我国农村,手机的普及率已经非常高,借助智能手机开展普惠金融业务的条件已经具备,关键是普及相关知识。建议发挥村委会的作用,由相关金融机构联合村委开设培训讲座,促进村民们对互联网金融的了解认识,同时提高其对互联网金融的使用技能。以村委为牵头人,加强互联网知识的宣传教育,提高村民们对互联网金融的接受程度。还可以适当的设立奖励政策,鼓励村民们进行互联网普惠金融的使用尝试,再鼓励村民们互相教授帮助,共同学习互联网知识,从而促进互联网普惠金融在全村的普及工作。

6.5.2 创造互联网普惠金融的使用条件与合适产品

真正结合农民需求的产品,才是为农民着想,为农民提供实惠的好产品,互联网金融服务机构应当坚持发挥互联网的数据优势,并多到基层深入考察,才能真正了解农民,了解农民的生活,了解农民的需求。同时,积极为互联网金融的推广与发展创造条件。在农村发展互联网,鼓励村民开网店去卖土特产品,这是一个重要方面,但并不单单局限于此。电子商务只是互联网应用的一个方面,除了电子商务,还有电子村务、便民服务、电子农务,等等。"互联网+"在农村可以做很多很多事,要真正使互联网更深入村民的日常生活,形成

一个动态交互的网,在充分引导的基础上便可以激励村民自主探索、发现新的互联网创新应用。在农村发展普惠金融,要充分借助互联网;发展互联网金融,又要求在农民群体中加深互联网的应用程度。找准基点,纵向发展,强化农民对普惠金融的了解深度和对互联网金融的应用深度,是拓展农村互联网蓝海的有效措施。

6.5.3　强化互联网普惠金融发展的行业监管和良性发展

政府相关部门应加强对互联网行业的监管,完善相关法律法规。互联网金融行业的监管困难、监管不到位,使得互联网金融行业始终存在灰色地带,而相关金融知识缺乏、对互联网不够熟悉、分辨筛选信息能力较差的农民往往容易踏入互联网金融陷阱。相关部门应明确互联网行业规范制度,为互联网金融在农村的推广营造良好的运行环境。同时提高互联网金融在农民中的可信度,打破互联网金融的固有神秘形象,使农民真正地成为互联网普惠金融应用的受益者。

6.6　结　语

2018年2月,《中共中央国务院关于实施乡村振兴战略的意见》发布。实施乡村振兴战略,需要解决钱从哪里来的问题,因而必须提高金融服务水平,普惠金融的重点要放在乡村。同样,乡村振兴战略的实施,需要汇聚广泛的金融资源和社会力量,这对金融领域,尤其对农村普惠金融的发展来说是一个难得的机遇。而数字化技术的进步,更是为农村数字普惠金融的发展插上了互联网的翅膀。

第七章

农村电子政务应用报告[*]

"数字鸿沟"是指不同社会群体之间在拥有和使用现代信息技术方面存在的差距。"数字鸿沟"问题不仅关系到国家信息化战略目标的实现,也对统筹城乡和区域发展产生深远影响,日益成为社会建设与发展过程中必须面对的重要课题。我国社会发展中"城乡二元结构"特征导致农村与城镇之间存在着较大的"数字鸿沟",对推动农村电子政务非常不利。因此,如何跨越"数字鸿沟"有效推动我国农村电子政务发展是值得深入研究的问题。

围绕农户获取政务信息以及农村电子政务发展状况,课题组根据2017千村调查的一手数据,重点梳理了农村电子政务应用现状、存在问题及形成原因,并提出对策建议:以移动政务为发展核心,积极推动与第三方平台合作提供高质量的移动政务服务,是今后我国农村电子政务发展的重要方向。

7.1 农村电子政务调研内容

电子政务(Electronic Government)概念产生于20世纪90年代。联合国经济社会理事会将电子政务定义为:政府通过信息通信技术手段的密集性和战略性应用组织公共管理的方式,旨在提高效率、增强政府的透明度、改善财政约束、改进公共政策的质量和决策的科学性,建立良好的政府之间、政府与

---

* 执笔人:曾庆丰。

社会、社区以及政府与公民之间的关系,提高公共服务的质量,赢得广泛的社会参与度。

简单来说电子政务是指政府部门利用各种信息技术创新性地提供政务服务,如政府门户系统网站、政务微博、政务微信、手机政务客户端等。

电子政务作为农村互联网应用的重要组成部分,是本次调研的重点内容。包括村民获取政府相关政策信息的习惯与认知、村民获取政务信息的渠道选择、农村政策信息传达方式情况、农村电子政务应用与发展状况等内容。

本报告的数据,主要来自于本次调研的返乡入村问卷 417 份,入户问卷 5 004 份;定点、县域问卷 30 份,入村问卷 186 份,入户问卷 4 744 份。

7.2 农村电子政务应用现状

7.2.1 农村居民渴望获取政情政务信息

目前,广大农村地区拥有手机的家庭比例超过了 90%,随着移动互联网日益普及,农村居民也是非常渴望从网上了解更多的相关政情政务信息。在调查中关于"你会从网上去获取国家及政府的相关政策信息吗?"这一问题,超过 67% 的受访者回答是肯定的,大多数人都关注各类政府发布的相关政策信息与新闻(见图 7-1)。

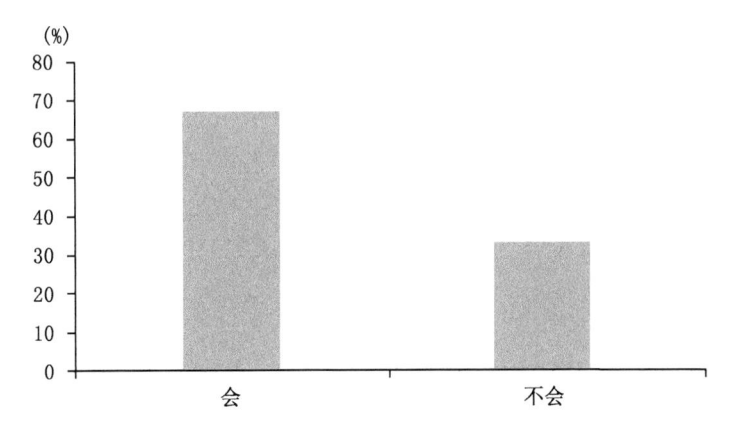

图 7-1 是否会从网上获取政策信息

而在习惯于从网上了解政策信息的受访人群中,约 41% 的人每天都会浏览网上政策相关信息(见图 7-2)。随着智能手机的进一步普及,年轻一代受教育水平的提升,以及各类政务新媒体的广泛使用,农村居民从网上获取政情政务信息的意愿会越来越强。而据调查研究,了解政府政策的农户更有可能对电子政务有积极态度,并成为电子政务的潜在用户。因此增强政情政务信息获取的便利性、有用性、透明度等特性越来越重要。

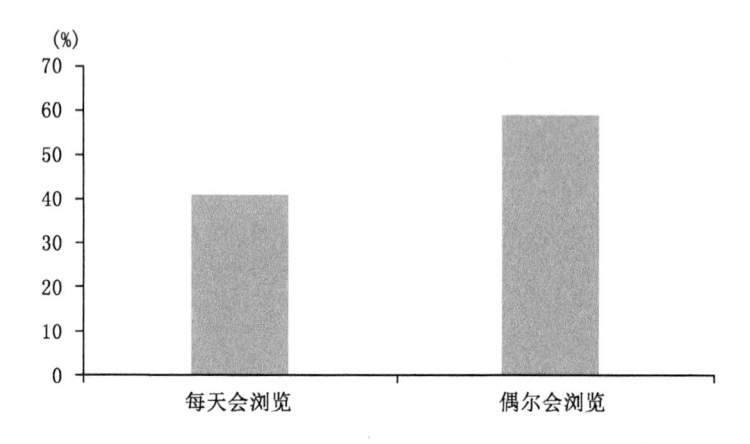

图 7-2　网上获取政策相关信息的习惯

同时,对于网上了解及获取政策信息的受访人群中,调查问题:"你感觉通过网络能够很方便地找到自己需要的相关政策/办事信息吗?"的统计分析显示,有 41.4% 农户觉得"非常方便",44.5% 的农户觉得"比较方便",10.5% 农户觉得"一般",只有 3.6% 农户认为不是"很方便"或"非常不方便"(见图 7-3)。总体来看,随着移动互联网的发展以及网上信息的极大丰富,人们已经能够通过网络方便的获取相关政情政务信息。

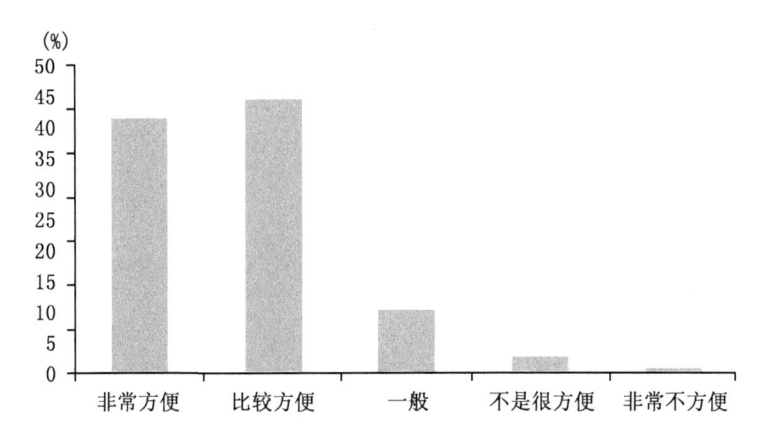

图 7-3 网上获取自己需要的政策相关信息方便程度

7.2.2 "村干部告知"在农村政策信息传达中起关键作用

在对调查问题:"村里面现在主要有哪些政策信息传达方式?(选可选1~3个选项)"的结果分析来看,农村传达政策信息还是以传统渠道或方式为主,受访农户中有57.4%选择了"村干部告知"作为主要方式之一;有39.4%和33.8%分别选择了"村里广播"和"全村大会",有25.3%选择的是通过"亲戚邻里"来告知;32.7%受访农户还选择了村里会通过"微信/QQ"来给他们传达政策信息(见图7-4)。上述数据表明,在农村这样一个熟人社会,"村干部告知"在农村政策信息传达中起到关键作用。

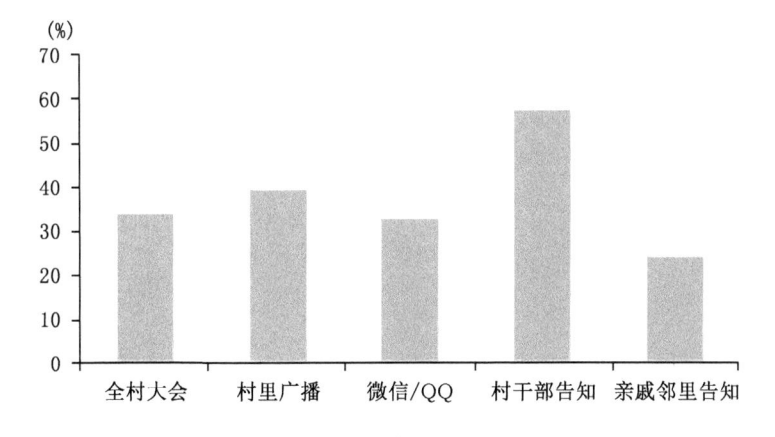

图 7-4 村里传达政策信息的主要方式

在针对调查问题:"村里面现在会借助网络方式(如 QQ/微信)来传达政策信息吗?",有 28.3%受访农户选择的是"比较多"或"非常多",而 50.7%选择的是"比较少"或"完全没有"(见图 7-5)。借助移动互联网来提升政策信息传达效率在农村还有较大应用潜力。

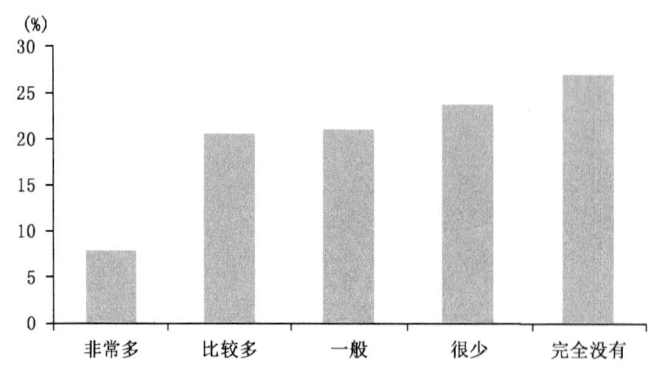

图 7-5 村里借助网络方式(如 QQ/微信)来传达政策信息情况

而对于农户自身主动获取各类政策信息来说,在调查问题:"你获取国家及政府的各类信息的渠道主要有哪些?(可选 1~3 个选项)"中,67.2%的受访农户把"新闻网站"(腾讯、新浪、网易、搜狐等)作为了解和获取各类政情政务信息的主要渠道之一,是占比最高的信息渠道;排名第二的是"社交媒体"(微信、微博、论坛、自媒体等),达到了 47.5%;选择了"广播电视"等传统媒体的受访农户约为 39.3%,排名第三;而通过"村干部传达"或"村民大会"渠道的分别为 27.2%与 9.6%;选择"政府网站"作为政情政务信息主要获取渠道的受访农户比例为 15.6%(见图 7-6)。

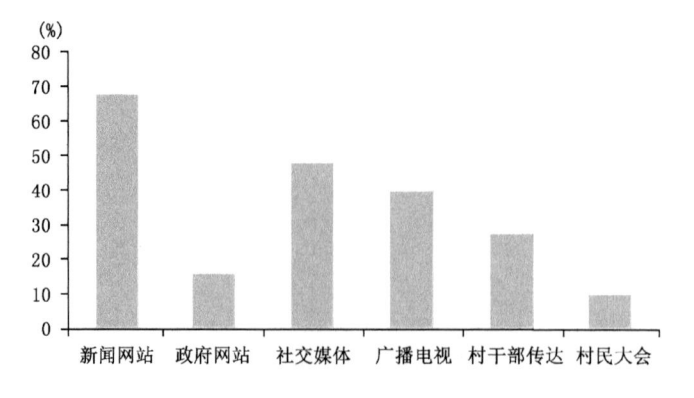

图 7-6 农户获取政策相关信息主要渠道

从上述分析可知,广大农户获取政情政务信息主要通过网络媒体,特别是新闻网站和社交媒体是最主要的信息获取来源渠道,而政府网站作为政策信息发布的主要载体,还需要进一步努力以吸引更多人浏览。

针对调查问题:"根据你的了解,村民主要通过什么渠道来反馈民意信息?(选可选1~3个选项)",有55.9%受访农户选择了通过"村干部"作为反馈民意信息的主要渠道之一;有29%和20.6%分别选择了"村代表大会"和"全村大会",这也是反馈民意信息的主要渠道;还有9.1%的受访农户选择通过"微信/微博/论坛"等网络渠道反馈意见或建议;8%的受访农户还选择了"上访/举报"作为反馈民意信息的渠道,还有17.6%选择了"不清楚"(见图7-7)。

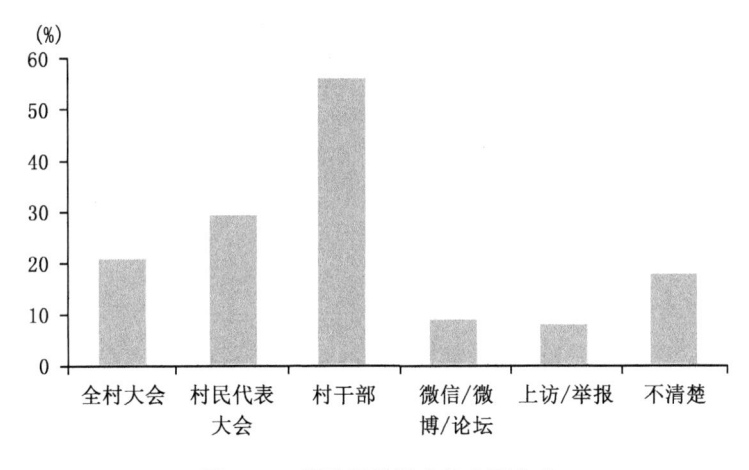

图7-7 村民反馈民意的主要方式

7.2.3 农村电子政务服务受益人群比例不高

针对调查问题:"你是否通过政府网络系统办理过事情?",有86.5%的受访农户回答"没有"(见图7-8)。这意味着大多数农村居民还没有得到过"电子政务服务",电子政务在广大农村地区的建设与推广还有待提升。

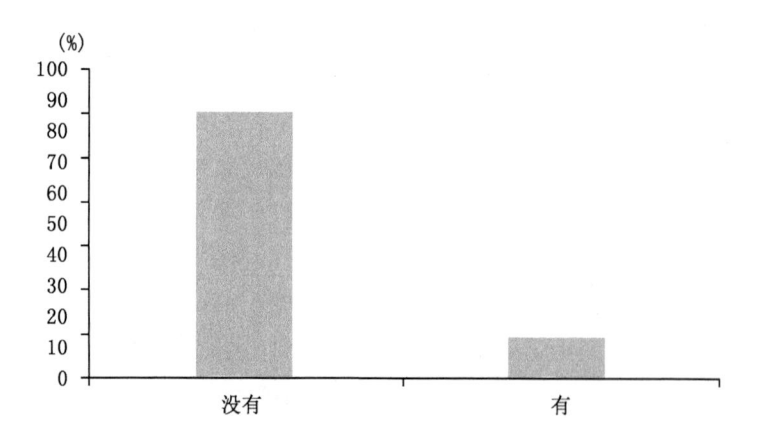

图7-8　农户通过政府网络系统办理事务比例

针对调查问题:"你通过政府网络系统办理过哪些事情?(可选1~3个选项)",在办理过事情的受访农户中,73%选择了办理过"身份证/户口簿/结婚证/医保卡/社保卡等相关证件申请";50.4%选择了办理过"缴纳社保/医保/税费等费用";15%选择了办理过"企业相关证照";还有19.8%选择了办理过"申请各类补助/补贴/奖励资金"(见图7-9)。

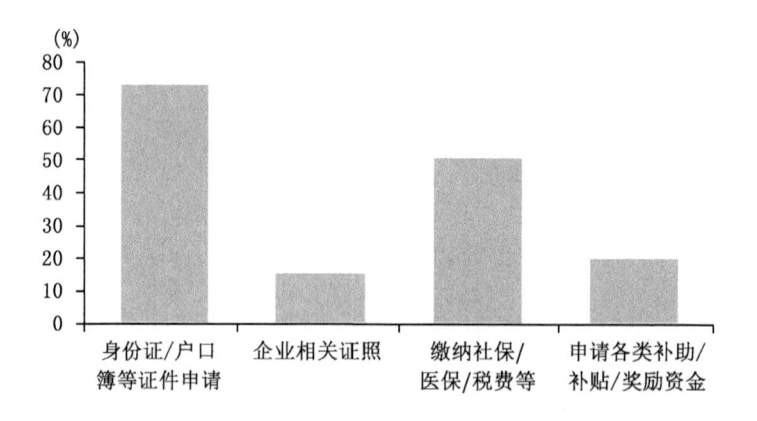

图7-9　农户通过政府网络系统办理事务类别

针对调查问题:"你认为现在通过政府网络系统办理事务满意吗?",对曾经通过电子政务系统办理过事务的受访农户的满意度来看,感到"基本满意"或"非常满意"的比例分别为51.6%和34.9%,而感到"不满意"或"非常不满意"的比例分别为 2.4%和 1%(见图 7-10)。上述数据表明,接受过电子政务服务的人群总体满意度还是比较高的,因此,积极提高电子政务的使用人群具有重要现实意义。

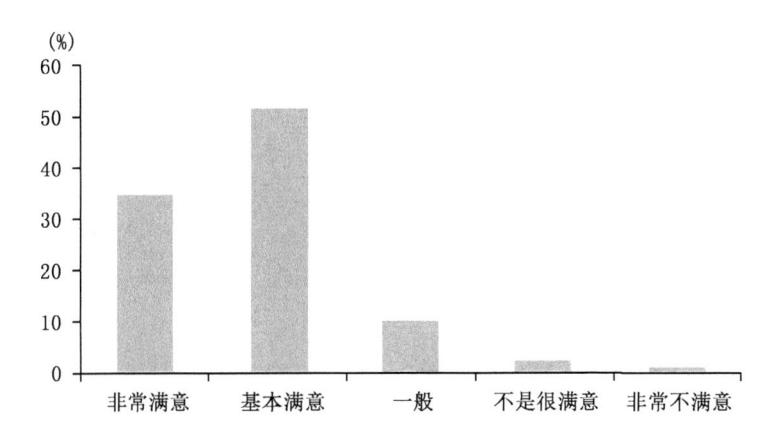

图 7-10 农户对政府网络系统办理事务满意程度

针对调查问题:"你认为通过政府网络系统办理事务后,政府服务水平(效率/方便程度等)提高了吗?",即受访农户对政府通过电子政务提升服务水平的感受来看,感到"提高了一些"或"提高了很多"的分别为 45%和 46%,总体认为服务水平提高了的比例超过 90%(见图 7-11)。这表明电子政务对提升政府的整体服务水平有着显著的影响。

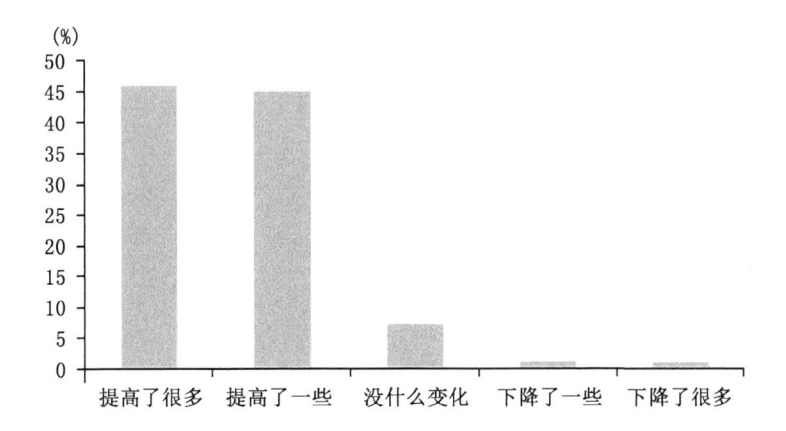

图 7-11 农户对政府通过电子政务提升服务水平的感受

7.3 农村电子政务发展存在的主要问题

尽管近几年各级政府都在积极推进电子政务的发展,但是长期存在的城乡二元结构使城镇与乡村存在较大的"数字鸿沟",并影响农村电子政务的发展进程。从本次调研结果分析来看,我国农村电子政务发展主要存在以下方面的问题。

7.3.1 网络硬件基础设施"数字鸿沟"在缩小,但农村电子政务应用覆盖率有待提高

近年来,随着智能手机的快速普及,移动互联网应用让广大农村的网络硬件基础设施建设得以快速发展。本项目调查显示,接近 100% 的农户家中拥有了上网电子设备,其中超过 70% 的农户同时拥有电脑与智能手机。从网络硬件基础设施发展来看,城乡"数字鸿沟"在缩小,农村已经具备发展各类互联网应用的基础,特别是在个人社交类(如微信、微博、QQ、视频直播等)与消费类(如淘宝、京东、网络支付等)已经与城镇用户同步。但在电子政务应用方面,目前仍有 28% 的行政村还没接入电子政务系统应用,尤其以中西部农村地区突出,电子政务应用覆盖率还有待提高。

7.3.2 农村电子政务普及率和使用率都较低

村委会目前主要通过全村大会以及村广播来传达政府的各类政策信息,在受访农户村中,只有 49% 的行政村借助过电子政务系统或网络应用(如微信、QQ)直接传达政策信息。只有 13.5% 的受访农户表示曾经直接通过政府网络系统办理过事情。上述调查表明,在与政府打交道方面,农户更加愿意"面对面"办理事务,相对来说,"电子政务"仍然是一个新生事物,需要一段时间的行为习惯培养。同时,有 73% 受访农户通过新闻网站浏览获取政府相关政策信息,说明农户对政策信息了解的愿望还是很强的。农村电子政务发展普及与使用都有待提高。

7.3.3 农村电子政务服务质量有待提高

农村电子政务应用主要聚焦于行政办公功能,包括政策信息传达、政府文件流转、身份证/社保卡等证件的申请,但缺乏对农户们生产、生活、农业和就业等方面提供综合信息化服务,没能凸显电子政务在节约时间和精力、便利服务和降低成本等方面的优势。服务质量不高也是电子政务使用率不高的重要原因,调查显示,只有13.5%的农户通过电子政务系统办理过事情;只有39%的行政村会利用官方的微博账号或者微信群进行宣传本村或本地的特色产品/旅游。电子政务能否为广大的农户带来更为丰富的服务内容是我国电子政务在农村应用中的关键。

7.3.4 移动政务应用能力有待提高

59%农户家庭有在外务工人员,仅仅依靠传统行政方式难以服务好这些流动性农户。智能手机的快速普及,一些移动互联网应用(如微信、微博、QQ)在农村用户中使用率也很高,36%受访家庭中有大专以上学历成员,有推动移动互联等技术在农村电子政务中的应用基础。只有49%的行政村会寻求微信、QQ等应用来推动移动互联网等新技术在电子政务中应用。

7.4 推进农村电子政务发展的对策建议

电子政务是互联网应用中非常重要的组成部分,也是我国发展建设新农村的重要基础环节。针对上述调查分析中的问题,本项目组认为,在农村与城镇"数字鸿沟"不断缩小的有利时机下,加大电子政务建设的投入,加强农户使用电子政务的培训,增加电子政务对农户服务的各项功能,积极制定基层政府服务意识考核机制,推动移动互联网等新技术在电子政务中的应用,让广大农户真正受益于农村电子政务的发展。

7.4.1 加大电子政务建设的投入,提升农村电子政务应用覆盖率

由于农村居民居住地理位置相对分散,经济发展水平和教育水平都比较

低,信息化投入少,导致农村网络基础设施较差、农民信息技术应用水平偏低,农村和城镇之间的"数字鸿沟"阻碍了电子政务的发展。电子政务在推进到了县级后,如何推进到乡镇、农村就变成了一个难题,制约了电子政务普遍应用。

电子政务建设需要大量资金的投入,但随着智能手机的快速普及应用,农村网络基础设施有了明显的提升,城乡"数字鸿沟"缩小的背景下,是加大农村电子政务建设投入的有利时机,将会显著提升农村电子政务应用能力和应用水平。

7.4.2 加强农户电子政务应用培训,提高农户电子政务采纳度

农户对电子政务应用了解严重不足,一方面村委会要加强电子政务相关服务的宣传,积极降低农户接触电子政务的软硬件门槛;同时要制定优惠措施为农户提供电子政务使用方面的培训,政府可以采用多样化培训主体,鼓励社会中介和公益组织等向所有愿意参加学习的农民提供免费培训。通过培训提升农民信息化应用水平,提高农户电子政务采纳与使用能力,逐渐让农户转变传统办事观念,形成通过电子政务系统办事习惯。

7.4.3 丰富农村电子政务服务功能,提升电子政务使用率

当前农村电子政务功能聚焦于行政办公中的公文流转,在对农户的服务功能方面较为缺乏。电子政务的集约化和一站式服务是未来发展趋势,为广大农户的生产、生活和农业等方面提供综合信息化服务,特别是在医疗、教育、户政、交通等基本公共服务领域。扩充现有电子政务功能对接移动终端,如对接微信服务系统或者公众号系统,提升电子政务系统的易用性和有用性,这样电子政务使用率会得到极大的提高。

7.4.4 制定基层政府服务意识考核机制,提升电子政务服务水平

信息技术发展日新月异,一些新的技术需要不断补充到电子政务应用中。例如,微信、微博等农村用户使用率很高的移动互联网应用,可以作为切入口补充到电子政务系统应用中。因此,电子政务的有效实施很大程度上取决于基层政府积极主动的服务意识。制定基层政府组织完善的服务意识和绩效考核机制是促进电子政务的长效和健康的发展有力保障。

7.5 结　语

2016年国务院提出了推进"互联网＋政务服务"的行动战略,强调电子政务的发展是贯彻落实党中央、国务院决策部署,把简政放权、放管结合、优化服务改革推向纵深的关键环节,对加快转变政府职能,提高政府服务效率和透明度,便利群众办事创业,进一步激发市场活力和社会创造力具有重要意义。

从本次调研分析来看,目前农村电子政务的普及率与使用率都还不高,提供的电子政务服务质量也有待提高,但农村广大农户普遍期望电子政务能够在生产、生活和农业等方面提供更全面的基础公共服务。而智能手机在农村农户中的迅速普及,为跨越城乡"数字鸿沟"推动我国农村电子政务快速发展创造了良好的机遇,特别是微信等移动互联网平台能够与各类政务服务实现无缝对接,为切实提升农村电子政务服务质量提供了有效途径。因此,以移动政务为发展核心,积极推动与第三方平台合作提供高质量的移动政务服务,是今后我国农村电子政务发展的重要方向。

第八章

农村网络社交沟通应用报告[*]

习近平总书记在党的十九大报告中对社会治理和网络综合治理都提出了明确要求:"打造共建共治共享的社会治理格局。加强社会治理制度建设,完善党委领导、政府负责、社会协同、公众参与、法治保障的社会治理体制,提高社会治理社会化、法治化、智能化、专业化水平。""建设网络强国,加强互联网内容建设,建立网络综合治理体系,营造清朗的网络空间。"

围绕农村网络社交的覆盖与使用状况,上海财经大学2017年度"千村调查"项目组织了对全国范围的随机抽样和定点调查,获取了大量调研数据。本课题组重点梳理了农村网络社交的现状与存在的问题,并提出了对策建议:构建新时代的传播社会主义核心价值观的网络文化;中国农民对高质量精神产品的渴求与缺乏村干部有效引导、监督的矛盾;发挥农村网民"意见领袖"的积极作用。

8.1 农村网络社交调研内容

农村网络社交作为农村互联网应用的重要组成部分,也是重点调查对象,包括农村网络社交应用与使用习惯、网络社交信任、网络社交范围和使用影响与效果等内容。

---

[*] 执笔人:田博。

本次调研通过"行政村是否有官方的微博账号、公共邮箱或者微信群"问题,来了解行政村的网络社交现状。通过"行政村是否利用官方的微博账号、公共邮箱或者微信群进行宣传"问题,了解农村网络社交的用途。通过"本村更新官方微博、微信群内容的频率"问题,了解网络社交内容的更新频率。通过"对于社会热门话题以及与自身利益相关的公共事务问题,本村是否会在公共平台(如微博,微信等)让村民积极参与讨论,或者留言,从而监督社会各部门相关职能?"问题,了解农村网络社交为行政村的服务功能。

本次调研通过"你使用网络社交工具的目的""你平时在社交网络上常关注哪些信息""你经常使用网络社交工具的功能是什么""你有哪些社交媒体账号""你每周查看社交媒体(如微信、QQ 或微博)的次数"等问题,来了解村民网络社交的应用与习惯。

本次调研通过"对网络社交媒体(如微博或微信朋友圈、QQ 空间等)发布的内容的态度""与广播、电视和报纸相比,你是不是更愿意接受网络社交媒体(微信、朋友圈)发布的消息",来了解农村网民的社交信任。

本次调研通过"通过网络经常联系的人群""你同家人和朋友进行联系使用最多的沟通工具""你使用微信或者 QQ 等网络沟通工具同家人联系的频率""你大概有多少朋友是通过网络认识的""除家人/亲戚以外,经常与你在网上互动、交流的人数是多少"等问题,来了解农村网民的社交范围。

本次调研通过"有了网络社交你打电话的次数减少了""当遇到大事时,你首先选择以下哪一方式传播""你认为网络社交对现实生活的影响"等问题,来了解农村网民使用网络社交的影响与效果。

8.2 农村网络社交应用现状

8.2.1 青少年是农村网络社交平台的活跃主体

在受访的 9 748 个农户家庭中,以老人和就地上学的青少年为主。老人由于知识结构,对学习使用电子产品或上网操作的积极性不是很高,60 岁以上的网民占总受访人数的 0.08%。这与 2016 年我国城镇 60 岁以上的网民占比2.8%的数值相比,低了好几个百分比。但是,互联网、电脑和移动智能手机成为青少年了解社会、结交朋友的主要方式。青少年网民主要通过微信朋友圈、QQ空间、微博、知乎、豆瓣、天涯社区等社交平台表达观点、发表意见。其中,91.23%来自移动端,如微信朋友圈的用户使用率已达90.86%、QQ空间用户使用率达到63.06%、微博账号用户使用率达到24.82%、其他社交平台账号使用率为8.2%。

8.2.2 中国农村社会的信任机制是构建在亲情与友情为基础上的信任

相对于西方社会的法制与契约,中国农村社会是构建在亲情与友情基础上的因人而别的信任。网络社交(如微博、微信、QQ空间等)是建立在这种社会关系网络之上的现代化信息交流平台,符合中国乡村传统社交模式。在受访的9 748个农户家庭中,通过网络社交(如微博、微信、QQ空间等)经常联系的家人占86.66%、朋友占87.52%、老乡占27.28%,通过网络交友平台结交的陌生人/网友占4.80%(见图8-1)。所以,网络社交的人群以家人、朋友和老乡为主。

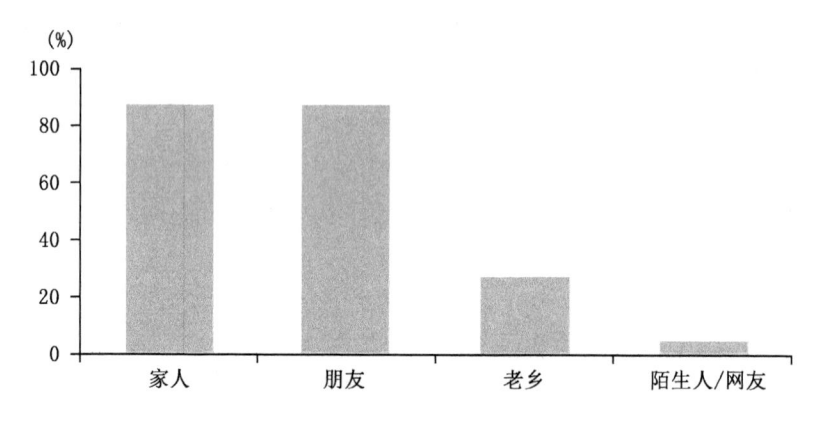

图8-1 通过网络社区交友的情况

对网络社交媒体(如微博、微信、QQ空间等)发布的内容态度调查中,持"非常相信/相信"态度的农户占到了27.13%,持"绝大部分相信"态度的农户占63.04%,持"没想法"态度的用户占5.61%,持"完全不相信"态度的用户占4.22%(见图8-2)。

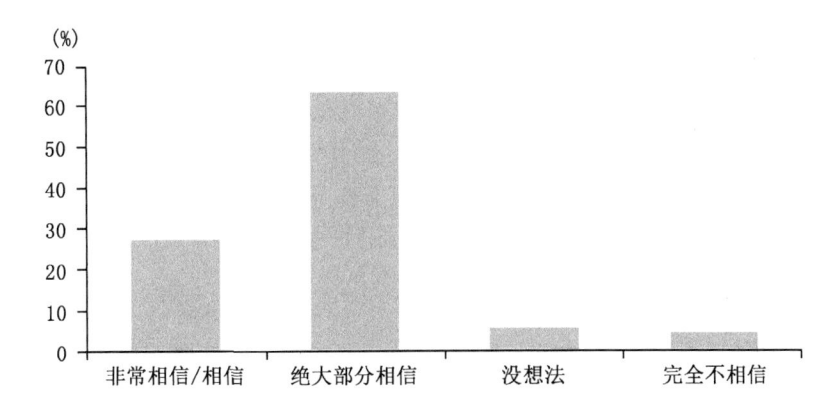

图 8-2　对网络社交媒体发布内容的态度

网络社交媒体(如微博、微信、QQ空间等)发布的内容与传统广播、电视和报纸发布内容相比,有28.03%的农户非常同意并更愿意接受网络社交媒体发布的消息,有39.96%的农户部分同意并愿意接受社交媒体发布的消息。有19.27%的农户持反对看法,认为广播、电视和报纸发布的消息更可靠,10.97%的农户没有明确的想法对网络社交媒体和传统传播媒体(见图8-3)。

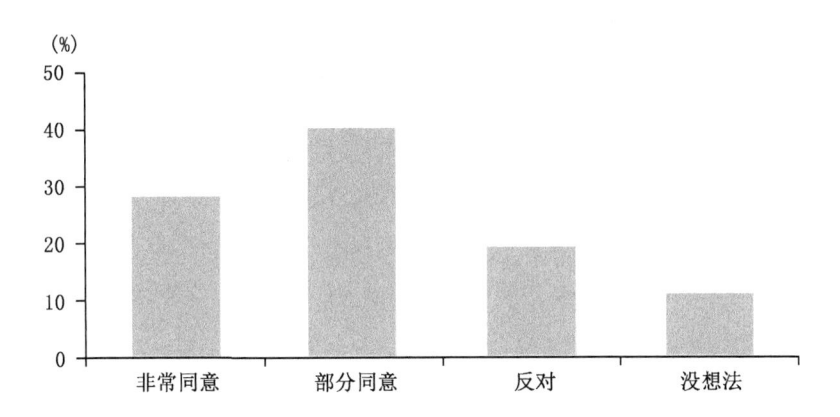

图 8-3　网络社交媒体与传统广播、电视、报纸发布内容相比的信任态度

8.2.3　农村"网络群众路线"的实施率不高

2018年的4月21日,习近平主席主持召开网络安全和信息化工作座谈会并发表重要讲话。讲话指出新时代,各级党政机关和领导干部通过网络走

"群众路线"显得更为重要。要经常上网察民情、解民忧,多倾听群众的呼声,了解群众所思所愿,运用网络"汇民智、分民忧、解民难",用网络搭起一座官民良性沟通的"桥梁",让互联网成为连接党和群众的"高速公路"。

在受访的 9 748 个农户家庭中,有 9.25%的农户通过网络社交媒体与村干部保持联系,在获取国家及政府的各类消息时主要通过村广播站和村干部告知。

在受访的 186 个行政村中,56%的行政村有官方的微博账号、公共邮箱或者微信群,主要用于宣传本村的政策信息、民生信息以及商业特色产品与旅游。但是,每周都有信息更新的行政村为 8.21%,每月都有信息更新的 10.14%。

在受访的 186 个行政村中,对于社会热门话题以及与自身利益相关的公共事务问题,本村会在公共平台(如微博,微信等)让村民积极参与讨论或者留言从而监督社会各部门相关职能的,经常使用的占 12.36%,偶尔和不使用的占绝大多数。

8.2.4 与报纸、广播、电视等传统媒体相比,网络社交媒体是农民获得实时消息、新闻的主要渠道

在受访者中,每天通过电脑或移动智能手机 24 小时在线登录社交媒体的农户占 52.76%,每天登录 1~2 次的农户占 31.69%。

有 57.37%的农户表示主要从网络社交媒体获得国家时政新闻类信息,有 20.24%的农户关注企业咨询以及商业致富信息与经验类信息,有 84.73%的农户关注好友朋友圈/空间的动态类信息,有 25.18%的农户关注与自己兴趣爱好相关的信息。

相对于传统的传播媒介,网络成为农户获取信息的主要渠道。他们主要通过手机上网,使用最多的手机应用是微信、QQ 等即时通信功能,其次是网络新闻,之后依次是手机搜索、网络音乐、网络视频和微博等。

8.2.5 农村网民通过网络参与社会讨论的积极性较高,但没有引起社会的关注

在受访者中,有 91.22%的农户通过网络社交工具与亲朋好友保持联系,

其中有 85.27%的人通过点赞、关注、留言和转发对信息进行及时回应。社交网络因亲情、友情或相同的兴趣爱好在网上聚集。与传统媒体相比,新媒体最大的传播特点是个人性、交互性和参与性。农村网民也喜欢使用社交媒体积极分享个人见解,但由于知识结构和信息获取渠道等因素,可能出现农村网民在社交平台上表达诉求的情绪化传播的特点,一些农村网民参与社会突发事件的动机呈现出利益导向。

8.3 推进农村网络社交清朗平台的政策建议

8.3.1 构建新时代的传播社会主义核心价值观的网络文化

农村网民中在校读书的青少年占有较大比重,他们的思维方式、生活样式、行为范式和交流形式都因新媒体发生了改变,受网络影响较大。因此,构建新时代的传播社会主义核心价值观的网络文化尤为重要。

但是在全球化的网络背景下,来自国内外的各类异质文化借助社交媒体平台对我国文化安全的各方面(如意识形态、价值观念、风俗习惯和生活方式、语言文字等)均带来威胁。网络文化中的病态萎靡现象危害青少年身心健康,威胁国家主流机构的引领力。一些商业网络平台传播低俗、庸俗、媚俗的网络信息或色情内容,围攻、嘲弄、批判主流意识形态,也有不法分子实施网络犯罪。

因此,在网络综合治理体系构建中,警惕网络文化中不良因素对农村青年成长产生的不利影响。针对当年农村青少年的生存、思想的发展给予系统化的专业化的研究,建立农村青少年健康的、便捷的表达自己思想的沟通渠道。

8.3.2 中国农民对高质量精神产品的渴求与缺乏村干部有效引导、监督的矛盾

经过改革开放几十年的发展,中国农村的家庭收入不断攀升,中国农民对于物质、精神文化的需求也越来越高。但是,一些劣质的、冒牌的、不法的、低俗的物质或者精神产品来到农村,利用普通百姓旺盛的需求、尚不具备的分辨

鉴别能力、贪图便宜的心理,通过互联网的信息通道以较低的价格、采用非正常的甚至坑蒙拐骗的手段,使得农村居民成为这场消费风暴中的利益受损者。

虽然大多数的行政村有官方的微博账号、公共邮箱或者微信群,但是信息更新的速度与村民迫切的信息渴求差距比较大,行政村级的官方社交媒体还没有发挥当地主流媒体对村民的思想引领作用。村干部成为村民社交媒体好友的比例不高,因此对当地重大突发事件的发生,会因其突发性和不可控制性,导致经常陷入被动境地。由于村民的信任主要是亲情与友情为基础的信任,因此在不判断信息准确性的基础上大面积对信息进行转发会影响正确判断。因此,村级政府应及时通过当地主流媒体以及村干部的个人社交媒体,对当地村民的网络空间进行积极的舆论引导、互动,提高农村"网络群众路线"的实施率。

8.3.3 发挥农村网民"意见领袖"的积极作用

由于中国农村社会的差序格局,在中国农村中,有一定经济资本、社会资本、文化资本的大姓氏家族具有类似"意见领袖"传播信息、发表言论、表达观点的隐形影响力。"意见领袖"具有较高的可信度和强亲和力,他们的正向言论往往比行政法规具有更好的影响力。"意见领袖"的网络社交内容会引起当地大范围的传播,因此通过推动合格的农村网民"意见领袖"主动参与网络综合治理,实现政府治理、社会调节和网民自治的良性互动。

8.4 结 语

推进国家治理体系和治理能力现代化是实现"两个一百年"奋斗目标的重要内涵。互联网在我国经过 20 多年的广泛应用,已经与现实社会深度融合,网络治理成为社会治理的重要组成部分,对推动国家治理能力的提升具有重要而现实的意义。

建立网络综合治理体系是一项长期的系统工程,强调在党的领导下,以政府为主导,充分调动社会和公众等各方协同治理的积极性。推动农村网民积极参与网络综合治理,有助于防范和化解重大政治风险,有助于维护社会和谐稳定，有助于构建清朗的网络空间。

强化网络素养教育，应特别关注对农村网民青年群体的网络行为引领。提升农村青年网民的网络操作能力、网络信息获取和鉴别能力、网络行为自我管理能力、利用网络技术发展自我能力、网络安全意识和网络伦理道德和网络法规意识等。

第九章

农村"互联网＋教育"培训应用报告[*]

百年大计，教育为先，有人居住的地方就有教育的需求，我国农村人口占41.48%，分布在57.59%的国土面积上，由于农村人口大部分是小学和初中文化水平，其持续学习跟上时代步伐的能力较弱，导致"三农"问题在我国长期存在。党的十九大报告指出："从现在到2020年，是全面建成小康社会决胜期。"教育促进生产力对帮助农村地区人口提高收入，走出贫困具有重要意义。但是调查显示农村教育资源配置低于国家目标水平，离政府定的"教育均等化"目标也有一定差距。

课题组根据收集的一手数据，重点梳理了农村"互联网＋教育"应用的现状和存在的问题，并提出对策建议：借"互联网＋教育"打造持续学习型新农村，夯实小康之路。

9.1 农村"互联网＋教育"培训调研内容

本次调研从县级、村级和入户三个级别来收集数据，调研农村教育现状、互联网教育基础设施、各级别在互联网教育活动上的投入与开展情况。特别具体到村民，对互联网可用于开展教育的知晓与需求、开展情况、效果、投入四个方面。

---

[*] 执笔人：张娥。

调查问卷中涉及"互联网＋教育"部分的数据预处理为：(1)对于数值类型的条目，用最小/最大判断异常值并删除，如上网时长99999；(2)对于信息缺失的条目，引入人工逻辑判断取舍，如果缺失导致该条目对判断教育情况没有贡献则予以删除。

预处理后的分析数据包括：返乡，入村问卷417份、入户问卷4 842份；定点，县域问卷30份、入村问卷185份、入户问卷4 636份。

9.1.1 被调查对象年龄、性别分布

被调查对象平均年龄38.8岁，10～19岁占9.5%，20～29岁占18.9%，30～39岁占21.5%，40～49岁占28.1%，50～59岁占16.1%，60～69岁占4.8%，70～79岁占1.1%，80岁以上占0.1%，以40～49岁居多；性别分布上，男性多于女性7个百分点，分布情况如图9-1所示。

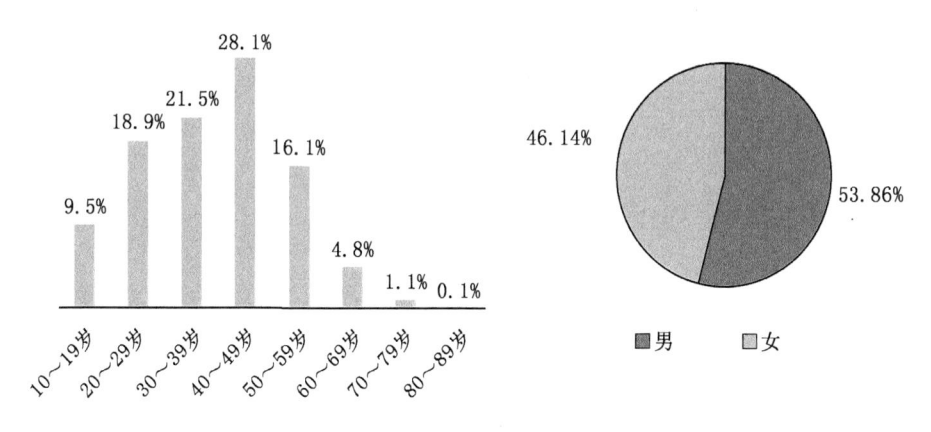

图9-1 被调查对象年龄、性别分布

9.1.2 在农村的儿童数量与在校情况

从样本总体上看，义务教育阶段各地区儿童占总人口比例构成0～6岁儿童比例小于7～16岁儿童，见表9-1。

表9—1　　　　　不同地区、义务教育阶段儿童占总人口比例　　　　单位:%

义务教育阶段儿童占总人口比例	东北	东部	西部	中部
0~6岁	5.9	6.3	8.7	9.3
7~16岁	11.0	9.9	13.1	14.8
合计	16.9	16.2	20.1	22.1

对照国家统计局2017年底的数据,对比1~15岁儿童占总人口17.8%,中部和西部地区比例相对高,东北和东部地区偏低。

农村在校中小学生占人口比例,小学生较高,初中生较低,两者之差小于小学失学学生占人口的比例,有些小学生毕业后转到城镇上初中(见图9-2)。

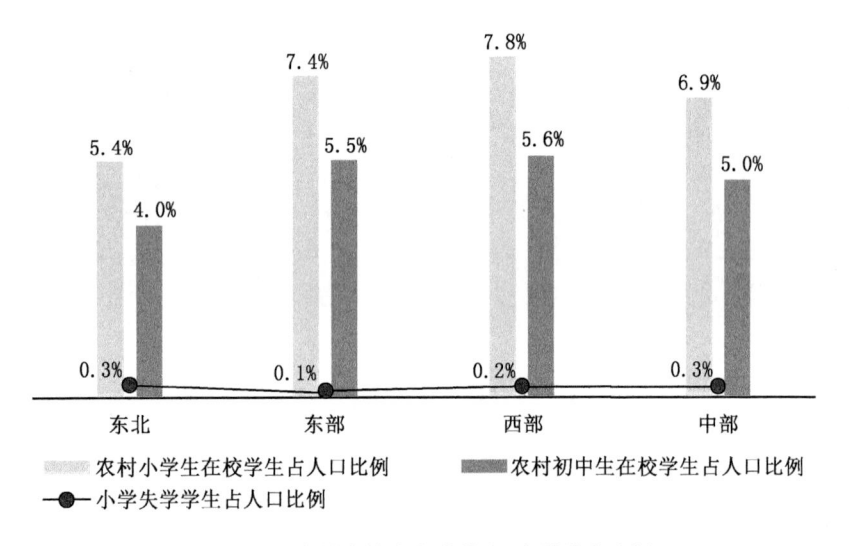

图9-2　农村在校中小学学生、失学学生比例

9.1.3　在农村的成人以初中和小学文化程度为主

各地区文盲、小学、初中、高中和大专以上学历占比的分布呈锥形,即文盲和大专以上占比很少,初中毕业最多,小学其次,排在第三的是高中学历。文

盲的比例低，东北地区与中部地区分别为6.1%和6.2%，东部地区为6.8%，西部地区最高为9.9%。

各地区农村成人受教育程度，如图9-3所示。

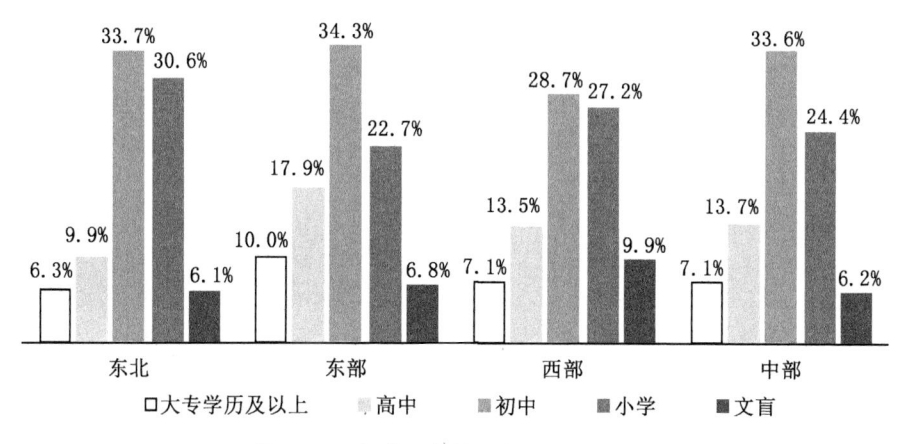

图9-3 各地区农村成人教育程度情况

9.2 农村"互联网＋教育"培训现状

"互联网＋教育"培训的开展需要一定的环境支持，这里从公共资源供给和村民个体使用情况两个方面分析。

9.2.1 互联网教育作为公共资源供给的情况

9.2.1.1 村部组织开展的"互联网＋教育"年均次数和时长都低

村部开展过互联网教育/学习相关培训类别中，数量排在第一位的是互联网应用知识培训，其次是家庭教育，第三是劳动技能培训，与经营相关技能培训需求最少，这与农村作为生产基地的特征有关（见图9-4）。

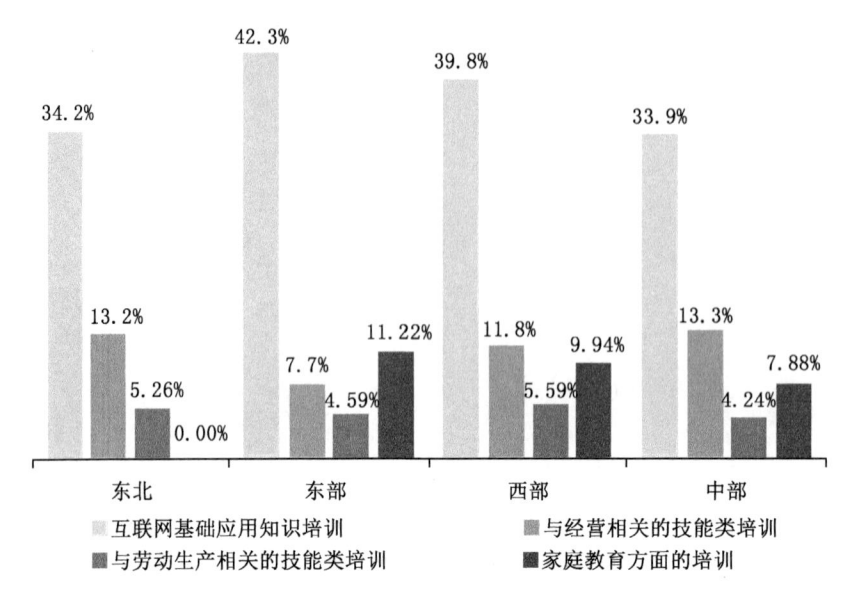

```
        34.2%           42.3%           39.8%           33.9%
              13.2%           7.7%            11.8%           13.3%
                    5.26%          4.59% 11.22%        5.59% 9.94%        4.24% 7.88%
                         0.00%
         东北              东部             西部             中部
          ■ 互联网基础应用知识培训         ■ 与经营相关的技能类培训
          ■ 与劳动生产相关的技能类培训       ■ 家庭教育方面的培训
```

图 9—4　村部开展互联网教育情况

各地区村部组织的年平均培训次数和时长，东北地区最少，平均只有 1.1 次，平均累计时长 3.8 小时；中部地区其次，年平均培训 2.8 次，累计时长 10.5 小时；东部地区年均培训 3.7 次，累计时长 10.9 小时；西部地区年均培训 3.1 次，累计时长 12.4 小时。

9.2.1.2　学校开展的"互联网＋教育"浅层次注册多，深层次应用少

调查显示在公共教育资源平台注册教师比例情况为：东北有 54%、东部有 40%、西部有 72% 的用户开通网络空间，这离 2017 年教育部要求的 90% 有一定差距[1]；而且各地区在建设优课的比例都较低，西部最低（只有 11%），其次是东部（23%），中部和东北分别为 38% 和 39% 2017 年教育部要求的 90% 也有很大差距；学生开通网络空间比例较低，中部为 15%、西部为 26%，东北为 27%、东部为 31%，与 2017 年教育部要求的 60% 有较大差距[2]（见图 9-5）。

---

[1]　教育部办公厅关于印发《2017 年教育信息化工作要点》的通知。
[2]　教育部办公厅关于印发《2017 年教育信息化工作要点》的通知。

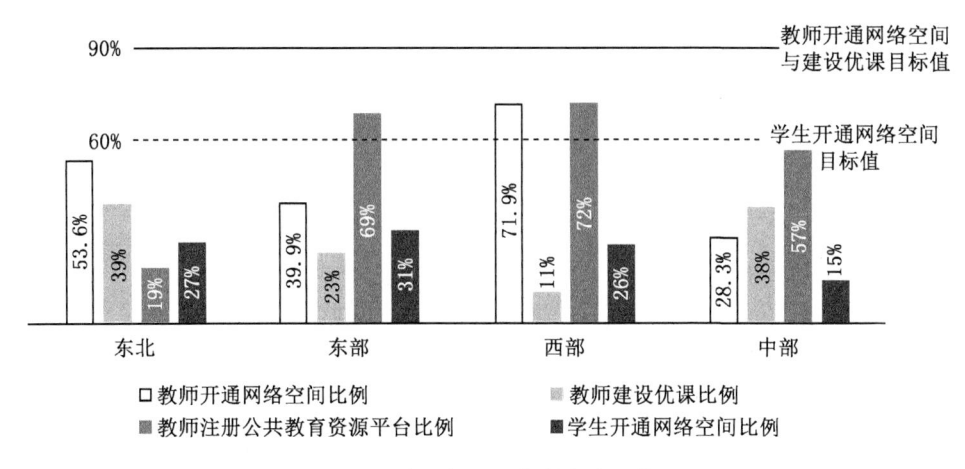

图9-5 农村师生网络教育应用情况

从上述教师开通网络空间比例、注册公共教育资源平台比例、建设优课比例和学生开通网络空间比例来看,"注册"浅层次的应用活动使用比较多,样本教师开通网络空间比例均值为40%,公共教育资源平台注册教师比例为52%。但是深层次应用较少,建设优课的教师比例平均为26%,不到三分之一。而学生连浅层次注册也比较低,如网络空间开通比例仅为24%。

9.2.2 村民对互联网教育使用情况

9.2.2.1 村民对"互联网+教育"功能半数知晓,三分之一用过

有49.5%的村民没有听说周围有人通过互联网进行学习或者培训;总体上有27.2%的村民有通过互联网学习或培训的经历,没有此项经历的东北有82%,东部、西部、中部分别有71%、74%、71%。

有使用互联网教育经历的村民中,60%努力寻找"优质网络教育/学习渠道或资源",他们年平均用时178小时,约每天30分钟,网络教育平均花费881元。这说明大家对网络优质教育资源的渴求且有支出的意愿,特别是一些经济情况较好的农户,过去一年对网络教育的投入高达5 000元。

9.2.2.2 村民对"互联网+教育"功能的效果认知差距大

本次调查发现,没有尝试过"互联网+教育"的村民与尝试过的村民对"互

联网+教育"功能的效果认知相差巨大。

在没有尝试过"互联网+教育"应用村民的采用意愿方面,被调查的个体态度比较明朗,总体不可能采用的平均占比 38.88%,可能的占比 28.5%(见图 9-6)。

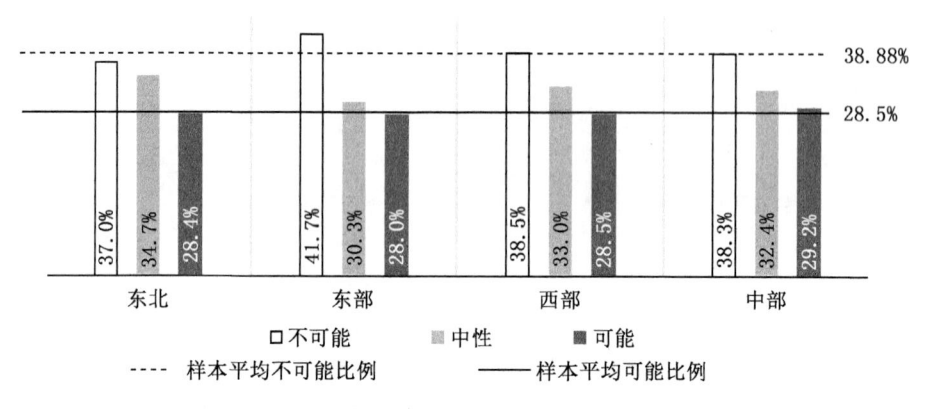

图 9-6　村民使用互联网教育培训意向

知道有人通过互联网进行教育/学习活动的人中,我们统计了对"互联网+教育"应用效果的正面和负面认知。正面的效果认知包括节省一些时间、精力和费用与节省大量时间、精力和费用,负面效果认知包括浪费时间、精力和资金与这些活动没有用处。调查结果显示,所有地区平均正面效果认知为83.42%,远高于平均负面效果认知 8.84%(见图 9-7)。

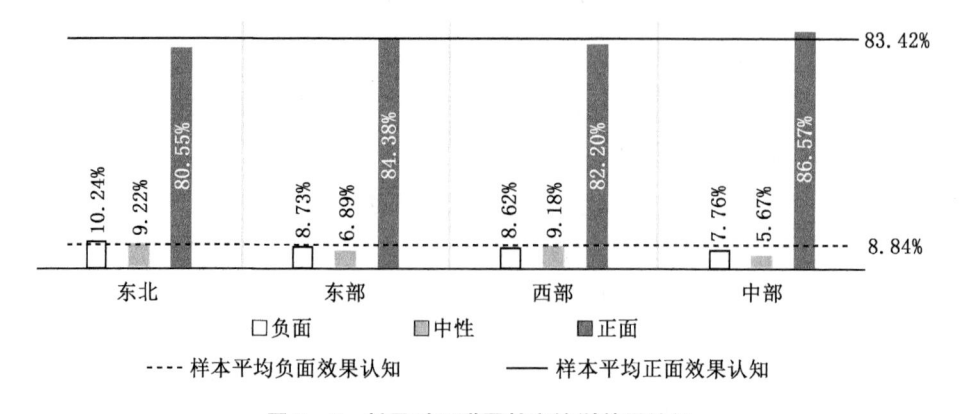

图 9-7　村民对互联网教育培训效果认知

9.3 农村"互联网+教育"培训情况不佳的原因分析

总体上看我国农村地区"互联网+教育"培训情况不佳,这里从公共资源供给和村民个体对开展"互联网+教育"培训所需软硬件条件的准备情况、接受情况两个方面分析原因。

9.3.1 教育公共资源供给原因

9.3.1.1 农村教育生师比较高

在校学生享有教育资源的丰富程度可以用生师比观测,这是教育资源禀赋情况重要的指标。

本次调研样本均值是 20.12,西部地区生师比高达 34.04(见图 9-8)。根据中央编办发〔2009〕6 号文件,关于核定中小学教职工编制原则和有关工作要求教育均等化,当前县镇、农村中小学教职工编制标准统一到城市标准,即高中教职工与学生比为 1:12.5、初中为 1:13.5、小学为 1:19,即义务教育阶段的生师比应该在 13.5~19 之间。

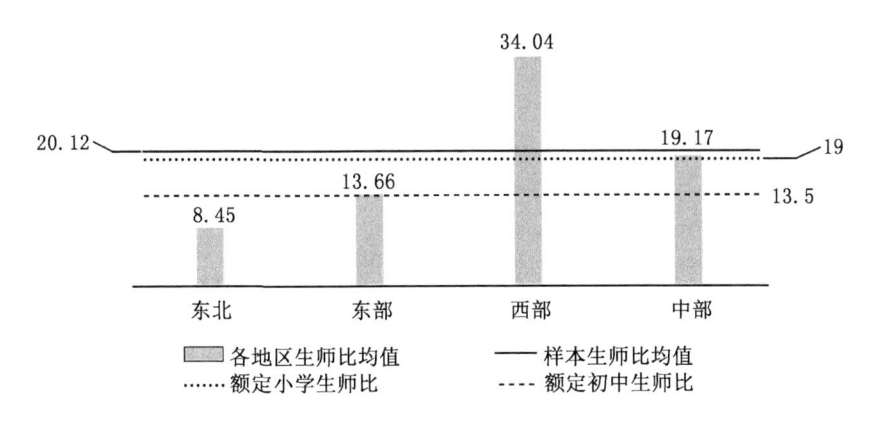

图 9-8 各地区生师比情况

总体上,农村在校儿童以小学居多,成人受教育程度以初中和小学居多,在校学生教育资源禀赋相对较少。

9.3.1.2 农村学校互联网的硬件与维护人力稀缺

互联网接入方面,调查显示中小学学校百兆网络接入率100%,90%以上学校内有宽带100兆的网络。学生电脑或者iPad拥有量分布两极分化,有1个县每人有1台,也有学校(如贵州黔西南布依族苗族自治州)每80人才有1台,有3个县是每6~10人拥有1台。

教师办公计算机资源分布不均情况显著。互联网教育基础设施也是西部比较匮乏,例如共用办公计算机的中小学教师人数,样本平均值是6.4人,即平均6.4位中小学教师共用1台计算机。西部地区平均19.6,东部几乎人手1台,中部地区每3人共用1台,东北是每2人共用1台(见图9-2)。

表9—2　　　　　　各地区中小学教师共用一台计算机人数

东北	东部	西部	中部	样本均值
2.0	1.3	19.6	3.1	6.4

OA普及率92%,移动新媒体使用最多的是微信及公众号,其次是QQ、微博,42%的县中小学拥有多媒体教室总计超过100间,86%的县中小学拥有多媒体教室。

学校里与网络有关信息技术人员平均占比情况是西部比样本平均值高,东北和中部地区比较低(见表9-3)。

表9—3　　　　各地区中小学与网络有关信息技术人员占比情况

东北	东部	西部	中部	样本均值
2%	7%	7%	4%	5%

9.3.1.3 农村互联网接入公共资源缺乏

调查显示有线通、中国电信、中国移动的网络信号覆盖到了每个村,平均每个村有2家以上的网络接入信号,有一些村有3家运营商信号。

有些村配有专门的公共电脑,有些村是有公共电脑开放部分时段。

西部和中部地区分别有34.3%和35.8%的村有专门的公用电脑,东部与东北分别有 28.9%、22.5% 的村有专门的公用电脑。总体上,大部分地区都没有配置专门的公用电脑,不到三分之一的村有公用电脑供村民上网使用(见表 9-4)。

表 9-4　　　　各地区村部互联网基础设施——公用电脑情况

	没有配置专门的公用电脑	有些电脑可在某些时段供公用	有专门的公用电脑
东北	60.0%	17.5%	22.5%
东部	48.8%	22.4%	28.9%
西部	44.0%	21.7%	34.3%
中部	55.3%	8.9%	35.8%

互联网 Wi-Fi 信号接入方面的情况:西部有 29%、东部有 22%、中部有 23%、东北有 18% 的村有 Wi-Fi 且密码向村民公开(见表 9-5)。

表 9-5　　　　各地区村部互联网基础设施——Wi-Fi 情况

	没有配置公用的 Wi-Fi	有 Wi-Fi 村民询问时可以提供使用	有 Wi-Fi 且密码向村民公开
东北	68%	15%	18%
东部	46%	32%	22%
西部	45%	26%	29%
中部	57%	20%	23%

9.3.2　村民个体原因

9.3.2.1　农户自有网络接入设备是手机

农村上网的设备主要是手机,农户上网主要是使用手机,各地的手机上网比例分别是东北地区 79%,东部地区 83.1%、西部地区 87.7%,中部地区 87.9%(见表 9-6)。

表9—6　　　　　　　　　农户网络接入设备情况

	家用台式电脑	手机	平板电脑	网吧	其他
东北	19.8%	79.0%	0.9%	0.3%	0.0%
东部	14.5%	83.1%	2.0%	0.1%	0.3%
西部	11.3%	87.7%	0.7%	0.2%	0.1%
中部	10.9%	87.9%	0.6%	0.5%	0.1%

农户每个月手机上网的花费在10～50元、50～100元的占大多数。地区间差距非常明显，东北50元以下占58.2%，100元以下占92.2%；东部、西部和中部100元以下占七成（见表9—7）。

表9—7　　　　　　　　　农户上网花费情况

	50元以下	100元以下	100元以上
东北	58.2%	92.2%	7.8%
东部	33.5%	71.7%	28.3%
西部	36.5%	74.8%	25.2%
中部	38.3%	72.8%	27.2%

总体上，农村互联网接入网络信号方面已经具备开展"互联网＋教育"的基础条件，但可供上网的硬件资源稀缺，主要用手机上网。从手机月均花费来看，东北农村手机上网比较少。

9.3.2.2　时间和操作壁垒影响

没有采用"互联网＋教育"应用的村民，提及最大的两个阻碍原因是：平时农活忙、没时间上网学习的占31.7%，学习使用这些电子产品或者上网络操作有困难的占31.0%（见图9-9）。

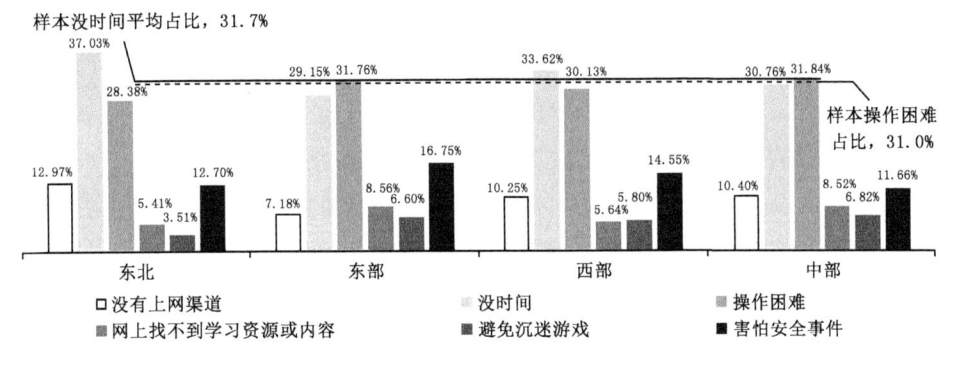

图 9-9 各地区影响互联网开展教育培训的原因

9.4 农村"互联网＋教育"培训需求分析

9.4.1 农村"互联网＋教育"培训需求现状

爱因斯坦说，人与人之间的差异最终在于业余时间如何利用。调研中发现，当前很多农村地区成年村民下午 2 时进入娱乐时段，主要娱乐活动是打麻将。村民的学习需求如何？根据问卷对学习需求的调研，27.2%的人有实际的行动，表现为主动通过互联网寻找教育培训机会，46%的人有想学习的意愿但是没有行动去寻找渠道，26.8%的村民没有通过互联网教育培训的需求（见图 9-10）。

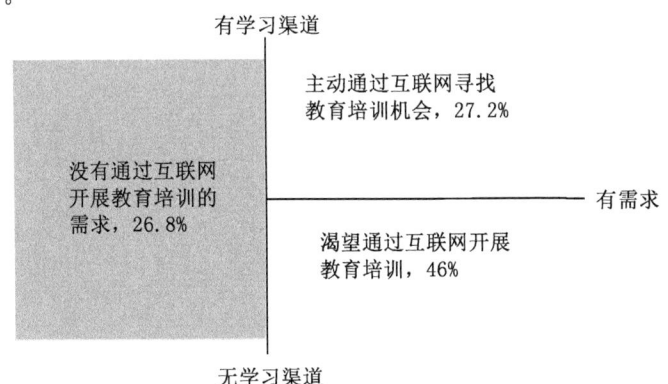

图 9-10 村民对互联网教育培训需求情况

9.4.2 农村"互联网+教育"培训内容需求

对于有需求的村民进一步分析其需求分类,分提高生产经营效率类、通过互联网学习的有关家庭和业余生活有关信息的教育活动情况。

对于提高生产经营效率类的教育活动,本次调研发现,东北地区对农产品生产相关的教育信息需求占比最高,东部、西部和中部对个人技能相关要求占比最高(见图9-11)。教育信息需求与当地经济状况密切有关,我国东部地区人口集中,而东北地区农产品产出集中。

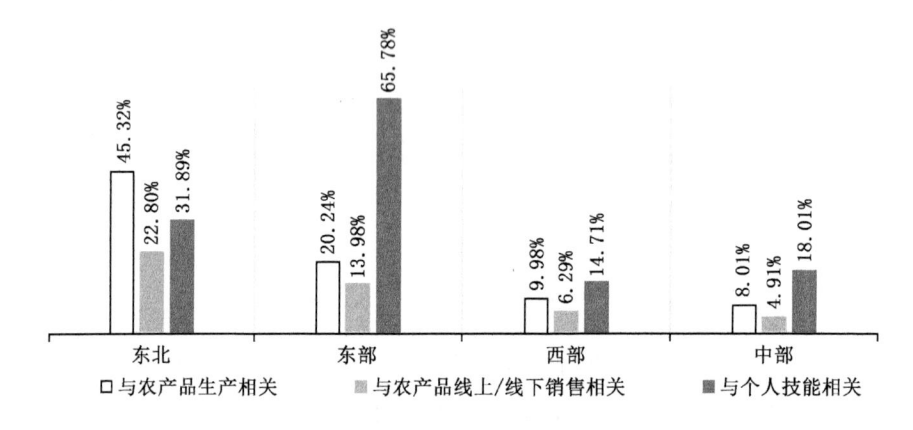

图9-11 村民对生产经营类互联网教育培训需求情况

对于个人希望通过互联网学习和家庭有关信息的教育活动,区域差异也很明显:东北地区需要个人或家庭幸福/关系类(如哈佛幸福课),东部、西部和中部地区需要青少年教育/学习类的居多(见图9-12)。

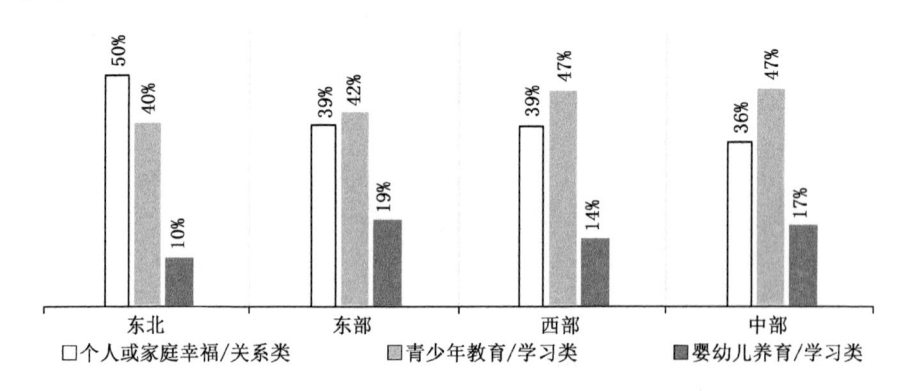

图9-12 村民对与家庭相关的互联网教育培训需求情况

通过互联网学习和业余生活有关信息最多的是医疗和保健类（如常见病防治、养生之道、减肥等）的，占 68.2%；其次是琴棋书画等业余爱好，占 21.4%（见图 9－13）。

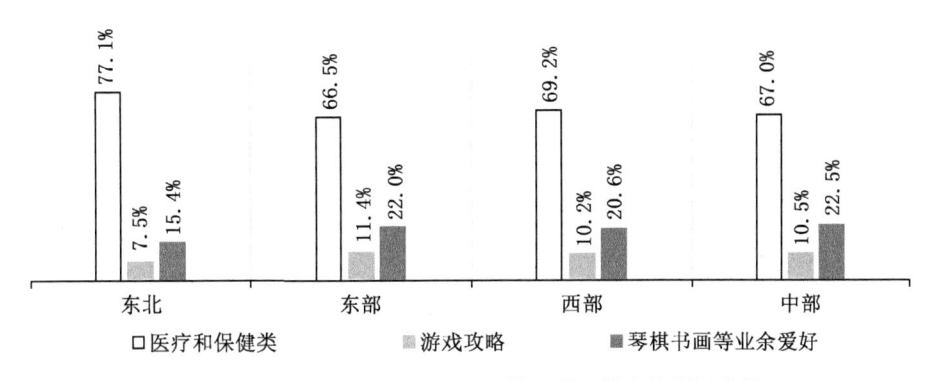

图 9－13　村民对与业余生活相关的互联网教育培训需求情况

9.4.3　农村"互联网＋教育"培训信息渠道

在有互联网学习经历的村民中，三分之一以上的村民是自己通过网络搜索的（见图 9－14）。第二大渠道各地区有所不同，东北地区是亲朋介绍，中部地区是社交媒体（如微博、微信），西部地区是通过县、镇、村委会等政府渠道；东部地区是孩子学校传达通知。村民主动创造渠道的少，被动的多。

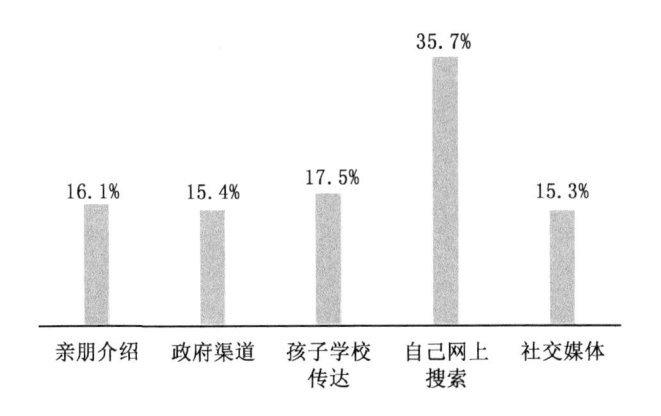

图 9－14　村民互联网教育培训信息渠道

从中国农村发展共性问题来看,教育无疑是最大的痛,来自 REAP(Rural Education Action Project)①第 107 号研究简报信息:中国农村大约有 30%的初中毕业生能上普通高中。在贫困农村地区,1 000 个小学一年级学生中只有 13 个人最后能够上大学,相差 23 倍之多。对于个体,也有统计资料表明:投资 0~3 岁时期的回报率是 18 倍,即每投入 1 元未来会有 18 元的回报;3~6 岁时期的回报率是 7 倍;小学阶段则是 3 倍。

因此,教育投资无论从社会还是个体角度看都是回报率非常高的事业。同时我们也要看到教育需求是如此丰富、多样,并且需要长期系统性地投入,这在传统教育交付模式下是非常困难的,"互联网+教育"正好能积聚全社会各个角落的资源、以低成本满足多样化的教育需求。

此外,随着人工智能、VR 等技术的发展,未来还可能实现针对农村个体实际需求设计个性化的教育培训方案。

9.5 借"互联网+教育"构建持续学习型新农村对策建议

这里提出借"互联网+教育"构建持续学习型新农村,以夯实小康之路。方案的主旨是由"三驾马车"带动"两个产出"。三驾马车分别是:全方位的职业技能培训、优质课程进入农村学校课程、落地学前与家庭教育;两个产出分别是:社会价值贡献者、幸福家庭的缔造者。这个体系主要帮助农村的个体掌握创造社会价值和扮演好家庭角色的能力。有这样一批劳动者在农村通过持续学习训练,可以实现人力资本不断提升,持续改善农村的经济和生活。具体地设计思路如图 9-15 所示。

---

① REAP 是由科学院中国农业政策研究中心、斯坦福大学 Freeman Spogli 国际问题研究所、西北大学社会经济发展(西安)发起,并与很多其他的组织、公司和政府部门合作。REAP 的主旨是帮助中国落后地区的学生获得优质教育,促进人力资本积累,帮助他们摆脱贫困,推动中国经济的可持续增长。

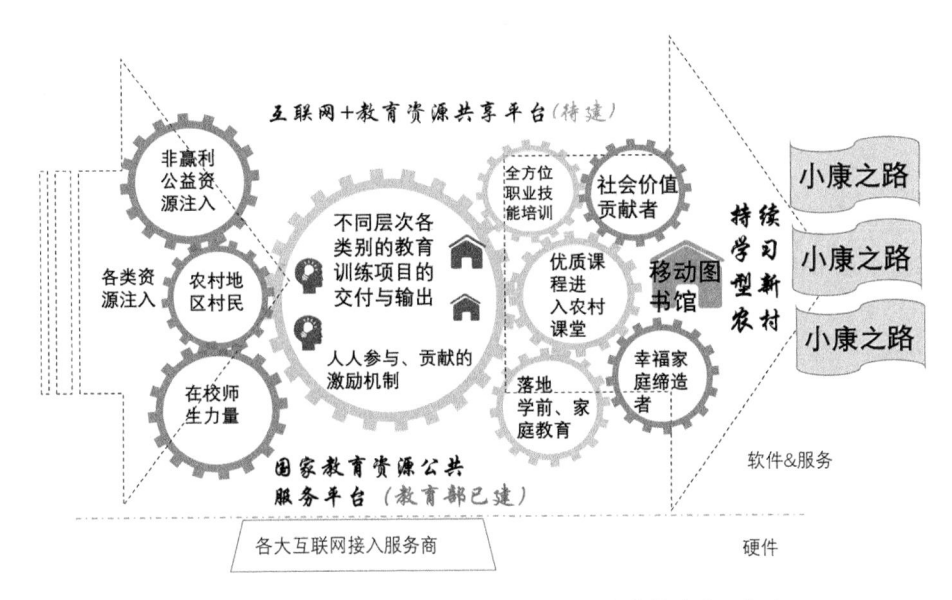

图 9-15　政府采购服务商网络资源补贴农户持续学习行为

"互联网+教育"模式中,必须要有网络接入农户才能开展后续的工作。调查显示专业的网络服务接入设备已经布局到村庄,只要购买即可开通使用。本方案中建议政府通过公共采购网络服务资源,以创造条件鼓励村民通过互联网开展教育活动。

9.5.1　贯通国家教育资源公共服务平台和"互联网+教育"项目共享平台为持续学习型新农村护航

目前,由教育部牵头的国家教育资源公共服务平台已经建成,全国 28 个省份建立了省级平台,另外还有市级平台 152 个,区县级平台 165 个。23 个省级平台和 35 个有条件的市县平台与国家级平台实现了初步用户互认,即注册一个国家级平台账户可以在这 58 个省级、市县平台使用,这使得教学内容资源有了保障。

本方案中提出的"互联网+教育"项目平台是一个连接社会八方的公益项目共享平台,集成发布和交付各类项目。项目资金可以来自公益资源类(如立德未来助学公益基金会、马云公益基金会等);项目人力资源——师资来源,可以从地方学校和高年级的大学生中选聘。这个平台能组织实现跨地区、跨时空交付教育培训项目,实现通过互联网快速复制培训项目,达到教育目标。

9.5.2 全方位的职业技能培训、优质课程进入农村学校课堂和落地学前与家庭教育"三驾马车"驱动持续学习型新农村

方案中全方位的职业技能培训对应农村劳动力人口的成长需要,帮助劳动力人口能随社会经济发展提高劳动能力。

方案中优质课程进入农村学校课堂对应正在受教育的儿童。调研过程中我们走访一个小学,发现1~3年级的20个学生只有2位老师,并混成一个班级上课,只开语文和数学课,像这种情况就可以通过互联网给孩子们引入美术、音乐、科技等课程。

方案中提出落地学前与家庭教育,是因为其对人的一生影响巨大。REAP采用北京大学医学院区慕洁教授的量表测度农村学生认知能力、语言能力、社会交流能力、精细运动能力和大运动能力等多个方面,发现入学前农村孩子平均成绩64分(城市孩子是100分),而当得分大于70分才表示孩子做好了接受小学教育的准备。所以,农村孩子早在学前教育阶段就已经落后了。著名教育家蔡元培先生说:"家庭者,人生最初之学校也。"陶行知也提倡:"生活即教育、社会即学校、教学做合一。"家庭教育伴随人的一生、影响人的一生,对一个人的成长成才至关重要,因此,强调通过"互联网+教育"更好地助推落地学前与家庭教育。

这三类教育基本上涵盖人的所有教育需求,互联网的主要特征是可以低成本的复制,通过"互联网+教育"驱动持续创新型新农村,最终塑造出一个个社会价值贡献者和幸福家庭的缔造者。

9.5.3 建立针对个体的持续学习行为的激励机制

构建持续学习型新农村需要个体参与,建议建立积分制度。鉴于教学相长的规律,每一个人既是学习者也可以是传授者,因此设立学习者积分和教授者积分,并可以考虑以家庭为单位。喜欢待在自己的舒适圈,是人的天性使然,而突破成长会遇到困难需要付出额外的努力,积分激励机制用于帮助农民付出一定的努力来学习新技术和能力。

(1)积分制度与学习行为的关键性结果挂钩。例如,学校的奖学金制度、

政府义务教育的一免(学杂费)一补(现金)政策等,都是达到一定要求才能进行积分。

(2)学习者积分和教授者积分可以与换取惠农补贴挂钩。例如,用积分换网络资源流量等。

(3)定期公开积分制度。物质在初级阶段能激励村民使用"互联网+教育"学习,但精神激励更持久,因为教育的本质是用一个灵魂唤醒另一个灵魂。定期公开积分,用典型人物、典型事迹树立榜样,可以发挥典型榜样的影响力达到持久激励效果。

9.5.4 建立移动图书馆体系服务于持续学习型新农村

图书像一条条小船,载着前人的智慧来到当今,图书对人类进步贡献非常大。有调查显示如果全世界的儿童都能学会阅读,则全世界可以减少1.7亿的贫困人口。发达国家尤其注意建立图书馆体系,便于公众阅读。据图书馆协会统计,全美约有各类图书馆12万个,平均每2 500人就有一个图书馆。其中,公共图书馆约1.7万个,比麦当劳连锁店的数量还多。美国人均图书馆拥有量是中国人均拥有量的46倍。美国图书馆可以一次可借99本书,借阅期1个月,与国内一些规定借阅20本、期限3个月,形成鲜明对比。农村图书资源更是稀缺,除了经费有限导致图书少的原因,阅读人数少也是重要原因。"互联网+教育"可促进图书资源在中国城乡之间的教育"资源均等",服务于持续学习型新农村。具体地建议如下:

(1)在农村广泛地设置移动的儿童图书馆。鼓励低龄儿童养成阅读习惯,可以借助已经布好的物流网络配送。

(2)建立种类丰富的成年人电子图书馆。调查发现,农村村民受教育水平以初中小学为主,具有一定的阅读能力。对于老年人,可以考虑采用有声书的形式提供图书借阅服务。

(3)广泛组织小型读书会。由"教授者"带领读书,一个人虽走得快,但一群人走得远。

(4)读书学习活动与家庭学习者积分机制接轨。达到一定量就可以兑换惠农政策福利。

9.6 结　语

本次调查看到农村劳动力丰富,但是受教育程度低、劳动力更新技能知识能力不足,农村地区学校教育现状离政府设定的"教育均等化"目标也有一定差距。针对广大农村地区联网硬件资源稀缺、运用互联网开展教育活动少的问题,在调查农村地区教育需求基础上,发现教育需求具有个性化和多样性的特征,提出借助"互联网+教育"打造持续学习型新农村,并给出了政府在资源保障上的一些可行建议。

第二部分　十年大数据分析篇

"千村调查"是上海财经大学以中国农村社会经济状况为对象的系列调查项目,自 2008 年起,上财"千村调查"项目已连续开展十年,累计 17 111 名学生组成 11 747 支队伍参与调研,走访全国 9 202 个村庄、12.1 万户农户。

十年来,千村调查围绕农村发展、农村医疗卫生保障、农民收入、粮食安全、农村文化、农村劳动力城乡转移、农村养老、农村基础金融服务、农村创业、农村互联网应用等主题展开调查,已积累了宝贵的大数据资源。

2018 年 4 月 2 日 – 6 月 27 日,由上海财经大学信息管理与工程学院承担的上财第十年千村调查项目组,陆续在上海财经大学官方微信平台推出基于十年千村调查数据的分析,从数据的视角回顾和总结千村调查的十年历史。

第十章

十年千村大数据分析报告[*]

十年千村,十年数据,十分用心,十篇分析,谨以此献礼百年上财。

10.1 千村十年,我们的足迹

这是一场坚持了十年的社会实践,学生们每年暑假从学校出发,足迹遍布全国 32 个省、市、自治区的 9 202 个村庄近 12.1 万户农户,十年来共计行程 60 余万公里,相当于绕地球赤道近 16 圈。

这是一门开设在田间地头的社会实践课,让不少从小生活在大都市的青年人第一次深入农村,认识真实的中国社会,这是任何课堂学习都无法替代的。

十年来,千村调查围绕农村发展、农村医疗卫生保障、农民收入、粮食安全、农村文化、农村劳动力城乡转移、农村养老、农村基础金融服务、农村创业、农村互联网应用等主题展开调查。这是一场持续时间长、空间跨度大、覆盖人群广的社会实践项目,而这个实验室的面积几乎就是 960 万平方公里的中国版图。

在这张庞大的实验版图上,东西南北中,一年又一年,每一年学子们分别去了哪些省、市、自治区?在这些省份中,哪些是学子们走访村庄数量最多的?

---

[*] 数据分析报告执笔人:劳帼龄。

上财学生在千村调查中

今天,就让积累十年的上财千村大数据告诉你,就让基于大数据分析的可视化图表告诉你,就让我们跟随学子的脚步一起回顾那十年的足迹。

微信上,我们给出了从2008年到2017年,千村调查逐年到达的省份动态图,本书中给出的是2008年千村调查的省份图。除了2012年没有去西藏,学子们的脚步几乎踏遍了大陆地区的所有省市自治区。2016年,千村调查的足迹还踏上了香港。

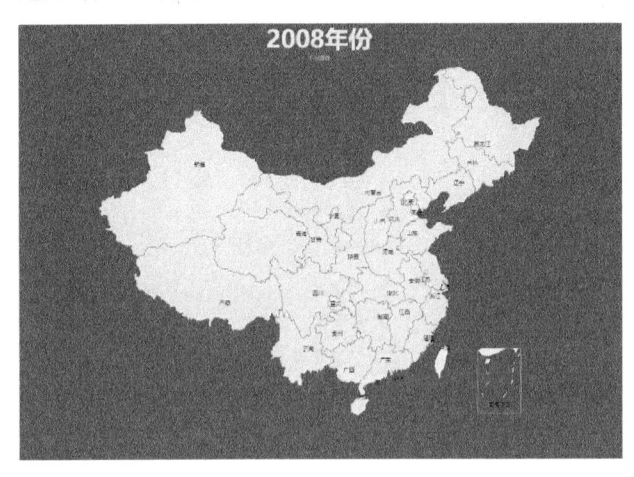

千村调查省份(2008年)

从2013年起,经过专业的抽样,千村调查项目组设定了30个定点县,每年由学校组织专业老师带队进行重点调查。微信上,我们给出了从2013年到2017年的定点县动态图,本书中给出的是2017年千村调查的定点县图。除个别县略有调整外,30个定点县为千村调查的大数据积累和分析奠定了良好的基础。

千村调查定点县(2017年)

除了30个定点县,学校还鼓励学生自发组织返乡调研队伍,回家乡进行调查。这是2017年千村调查学子们去30个定点县所在省份和返乡调研省份的轨迹。

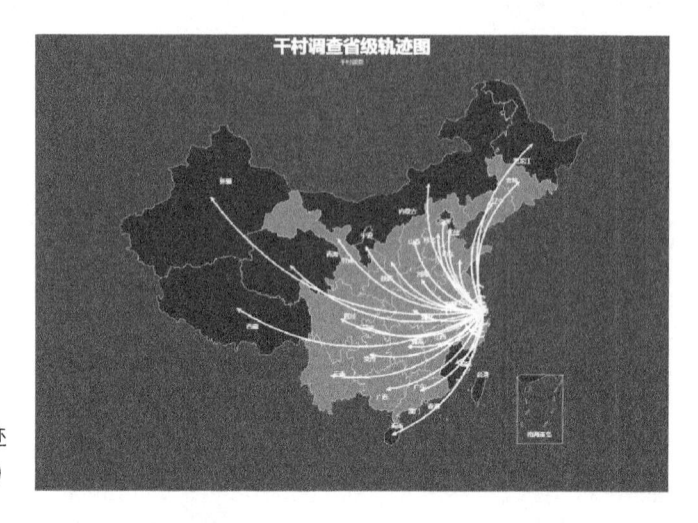

千村调查省级轨迹
(2017年)

这是2017年千村调查,学子们去30个定点县,以及返乡调研县区的轨迹。从图中可以看到,东起上海的浦东、西至新疆的伊宁、南近海南的临高、北到黑龙江的漠河,学子们的脚步几乎踏遍了东西南北。

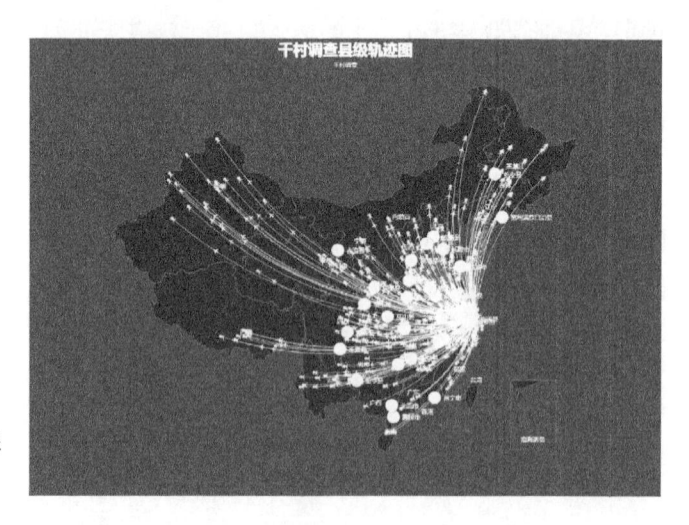

千村调查省级轨迹
(2017年)

这是从 2008 年到 2017 年，十年来，学子们累计在各省走访村庄的分级显示图，其中颜色越深，代表所到访的村庄数量越多。其中到访村庄数量在 400 个（次）以上的省份分别是河南、安徽、山东、浙江、江苏、上海。

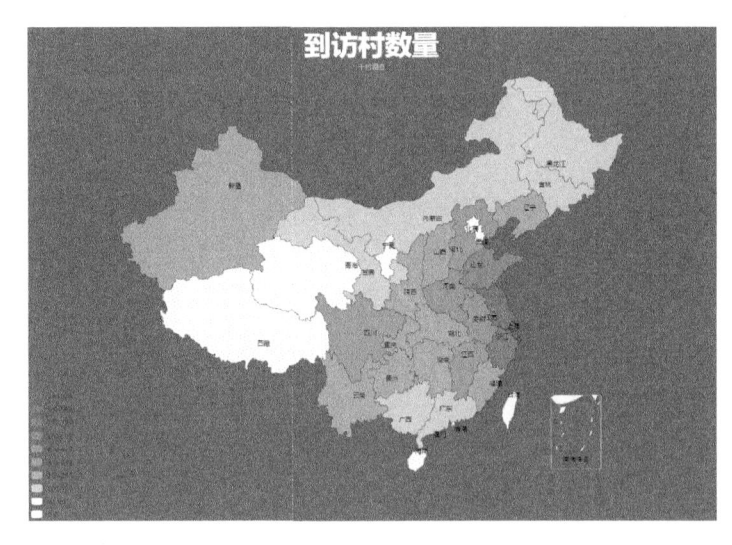

千村调查到访
村数量发布

2018-04-02

微信链接：https://mp.weixin.qq.com/s/U1weje7Ez5LZ3n4qU_iLew
（微信动图制作：陈明超）

10.2 千村十年，见证一个乡村的变迁

十年千村，上财学子的足迹遍布祖国大江南北9 000多个村庄，如果有乡村能见证我们千村调查的十年，而我们又能通过千村调查见证这个乡村十年的变迁，那该多好。

带着这个想法，课题组在十年浩瀚的异构数据中进行了挖掘，结果欣喜地发现，有6个乡村分别在上财千村调查的第一年和第十年出现过，其中有2个是第十年的定点县所调研的乡村。考虑到定点调查更严谨，我们把眼光聚焦到这两个乡村。再进一步的挖掘，发现其中一个乡村所在县的带队老师，是5年来一直坚守在千村调查第一线的马克思主义学院的范静老师。

自从千村调查设置定点县由老师带队，五年来，范静老师年年带队，2013年陕西周至，2014年云南元阳，2015年陕西周至，2016年吉林乾安，2017年安徽桐城，她率领学子一次又一次行走在千村的第一线。

而这个牵起了上财千村十年的乡村，就是安徽省桐城市吕亭镇的双联村。

借助十年前的千村数据，课题组找到了当年去双联村调研的学生信息，这就是人文学院2017级研究生、如今在上海市静安区人力资源和社会保障局工作的章蕾校友。当课题组通过学生处辗转联系上章蕾校友时，章蕾校友大喜过望，没想到十年后的母校千村项目会再次找到她，更没想到十年前她去调研的这个小村庄，会成为上财千村十年的见证。

调研感想

上海财经大学人文学院社会学专业　2007级研究生　章蕾

从小时候有记忆以来，每年过年都会随父母回母亲的老家走亲戚，每次到达乡间，眼前的画面都在变化，脚下的路、亲戚家的房子……，都仿佛电影胶片一般，尤其是近几年变化更为明显。我为家乡能有这样喜人的变化感到高兴，亲戚和其他的乡民们都享受到了国家支农惠农政策的红利。

今年，刚好学校组织参于村调查和社会实践活动，让我一下子想到了母亲的老家。这是一个很好的契机，不仅能让我进一步了解家乡，更能为展现全国农村风貌提供一个缩影。这次我选择的切入点，不是那些眼睛可见的变化，而是想更加深入一些，了解那些看不见的变化——教育问题。现在农村里的就学率如何？还有失学儿童吗？学习之外有机会参加其他兴趣班吗？还有农村的办学条件、师资条件怎么样？等等，带着这些问题我再一次走进这个我熟悉又陌生的村庄。

2008年，上财千村调查第一年，章蕾同学参与项目赴双联村的初衷和感想。

2017年，上财千村调查第十年，范静老师带领学子在双联村调研时的留影。

而今天，我们更要借这个村庄，用我们积累的数据，折射千村调查十年来一个小乡村所代表的农村变迁。

这是2008年，千村调查入户访问数据记录下的双联村村民的家庭年收入情况。

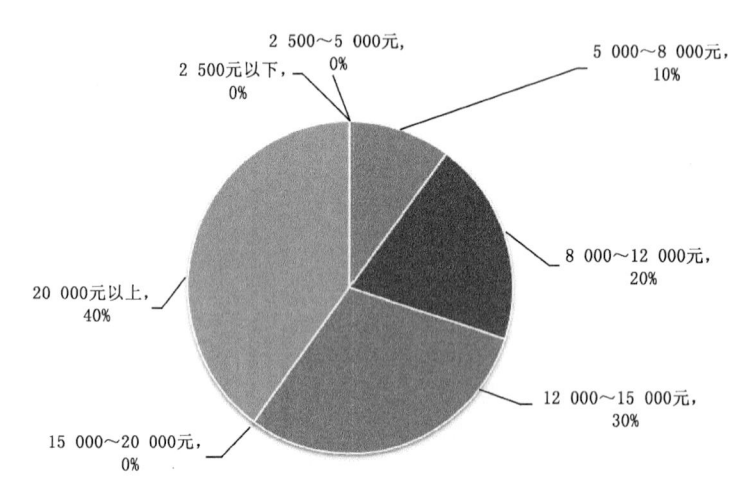

```
2 500~5 000元，0%
2 500元以下，0%
5 000~8 000元，10%
8 000~12 000元，20%
12 000~15 000元，30%
15 000~20 000元，0%
20 000元以上，40%
```

2008年双联村家庭年收入

这是2017年，千村调查入户访问数据记录下的双联村村民的家庭收入情况。

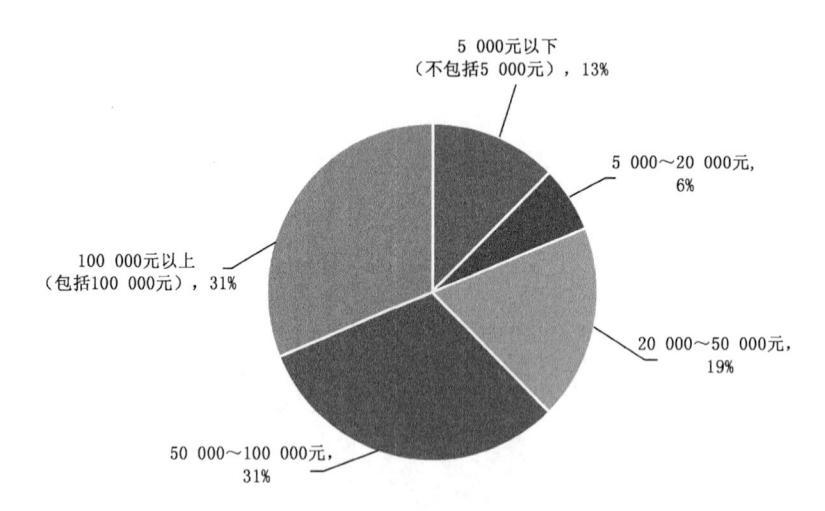

```
5 000元以下（不包括5 000元），13%
5 000~20 000元，6%
20 000~50 000元，19%
50 000~100 000元，31%
100 000元以上（包括100 000元），31%
```

2017年双联村家庭年收入

从十年前的平均每户年收入14 700元，到十年后年收入62 640元，十年增长325%，充分体现了改革开放的30年到40年农村生活水平的提高。

十年前，章蕾同学通过对双联村的调研，将研究主题定位于探析免收学杂费政策实施后的农村义务教育。我们通过对问卷和调研记录的文本挖掘，统计了词频云图。

十年后，学子们通过对双联村的调研，再结合同地其他乡村，将研究主题定位于如何为扶贫插上"电商翅膀"。我们通过对问卷和调研记录的文本挖掘，统计了词频云图。

如果依然回到十年前章蕾同学关心的教育问题上，2017年的千村调查，学子们询问双联村村民的是有关通过互联网开展教育的情况。

这是当问及是否"通过（电脑、手机或平板电脑）开展互联网教育/学习相关活动"时，村民们的回答。

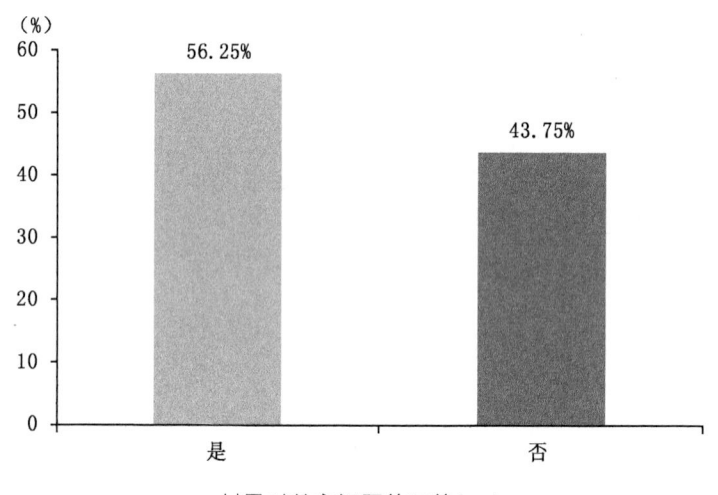

村民对教育问题的回答（一）

这是当问及"在条件适合时，你或家人开展互联网教育/学习相关活动的可能性"时，村民们的选择。

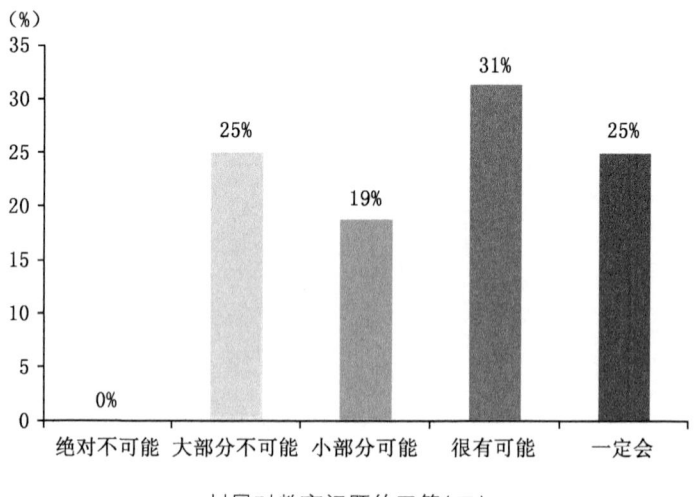

村民对教育问题的回答（二）

这是当问及"对希望有人教授如何通过互联网开展教育/学习相关活动的渴望程度"时,村民们的回答。

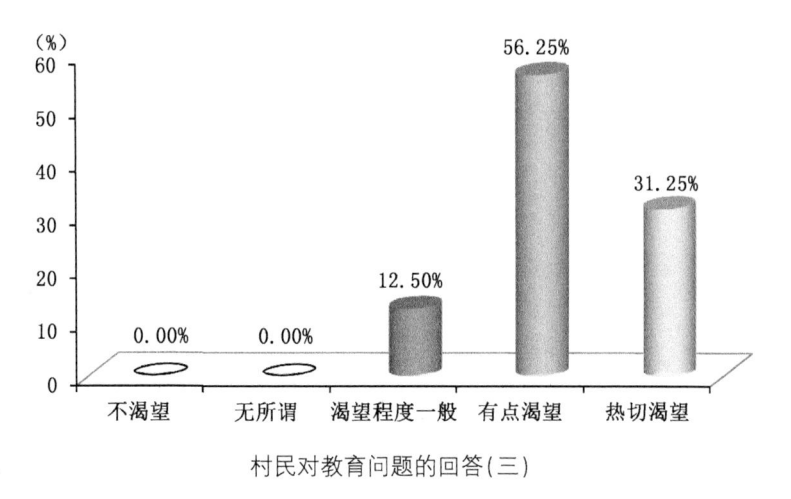

村民对教育问题的回答(三)

从上述数据可以看到,双联村村民对于互联网新事物的接纳程度比较高的,体现了互联网时代的新型农村特色。

或许是冥冥中的巧合,就如这个村的村名,"双联"串起了千村调查的头尾十年,"双联"也连接起了象牙塔里的学子与田间地头的课堂,而这正是上财千村调查的初心。

2018-04-03

微信链接:https://mp.weixin.qq.com/s/wCG2pcEh0PB5FzokHW6Xzg.

10.3 千村十年，大都市的乡村振兴

十年千村大数据的第一篇，展示给大家的是空间的足迹；第二篇，带领大家穿越的是时间的双联。其实在这时空的交织中，还有一个十年乡村的故事，就发生在我们身边，就在上海这个大都市。

第二篇中提及课题组在十年浩瀚的异构数据中进行挖掘发现了 6 个乡村分别在上财千村调查的第一年和第十年出现，其中就有上海郊区的乡村。当时出于在全国更具代表性的考虑，我们选择了安徽桐城吕亭镇的双联村本进行分析。2018 年 4 月 4 日，上海隆重发布大都市也要搞乡村振兴，市委书记李强对此进行了专门的解读。今天，我们把千村大数据分析的眼光回归上海。

上海召开实施乡村振兴工作会议

这个吸引我们把眼光回聚到乡村，就是位于上海崇明岛中部建设镇的虹桥村。

虹桥村主要是发展农业种植业和旅游业，经济状况在同镇中属于中等水平。十年里，我们的千村调查小组曾四次来到这里，为这个大都市郊区的乡村，记录下了发展的轨迹。

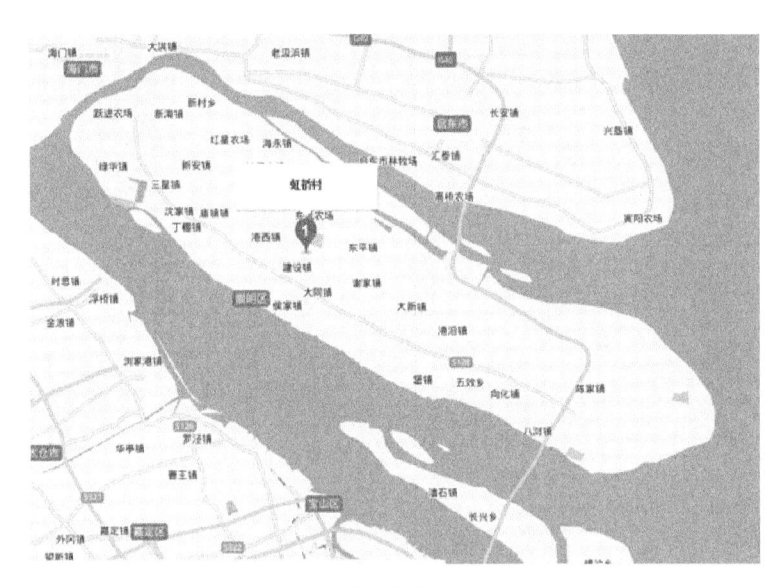

虹桥村地图(图片来自百度地图)

表 10-1 四次调查主题

时间	调查主题	调查者	所在学院	年级
2008 年	改革开放 30 年 ——中国农村变化与发展	袁凌	会计学院	2007 级本科
2011 年	粮食安全问题调查	戴文皓 赵哲君	金融学院	2010 级本科
2013 年	农村劳动力城乡转移	刘诗兰 陈晓乐 高锌格	会计学院	2011 级本科
2017 年	农村互联网应用状况调查	王佳仪	会计学院	2014 级本科

千村十年,根据我们入户调查的数据显示,虹桥村的平均家庭年收入从 2008 年的 15 875 元,上升到 2017 年的 68 464 元,增长了 331%,年复合增长率达到 17.6%,这是一个大都市乡村十年的振兴发展证明。

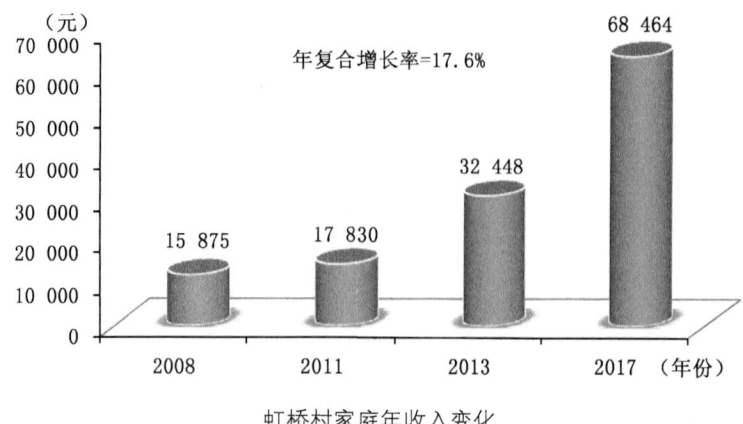

虹桥村家庭年收入变化（2008年15 875元，2011年17 830元，2013年32 448元，2017年68 464元，年复合增长率=17.6%）

千村第十年，我们的调查主题聚焦于"农村互联网应用状况"，旨在了解农村在信息化基础设施覆盖、农户在互联网应用方面的使用情况。虹桥村现有常住人口3 020人，其中户籍人口2 881人，60岁以上人数占到总户籍人口约50%以上。从调查看，在村委会的日常办公中，常常通过政府网络系统来处理相关业务，如政策信息的传达、政府文件的流转和村民申请各类补助补贴等。同时，虹桥村有官方的微信公众号，每月更新2~3次，平时会利用这一平台宣传本村的政策信息、民生信息以及本地的特色产品和旅游项目。

当询问村民，家中拥有哪些与上网有关的设备时，发现100%的被调查者拥有智能手机，且家中拥有超过4种（含）以上设备的占50%。

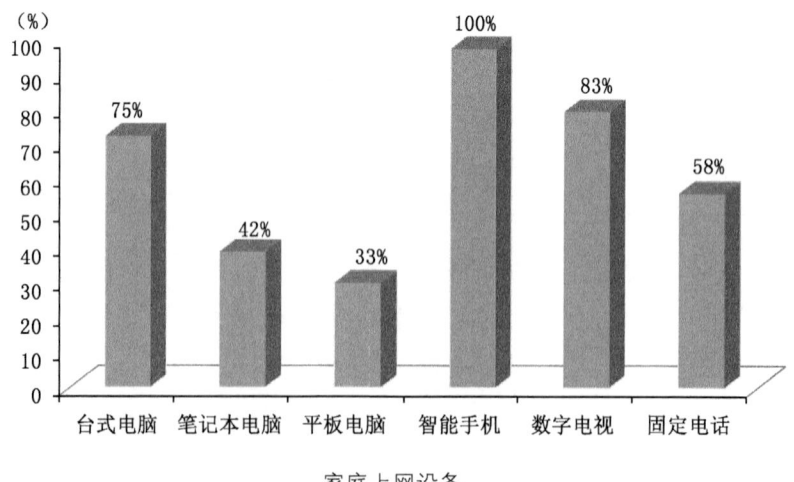

家庭上网设备：台式电脑75%，笔记本电脑42%，平板电脑33%，智能手机100%，数字电视83%，固定电话58%

当询问村民,通过设备每月上网时长时,发现有 8.33% 的村民上网时长超过了 400 小时。

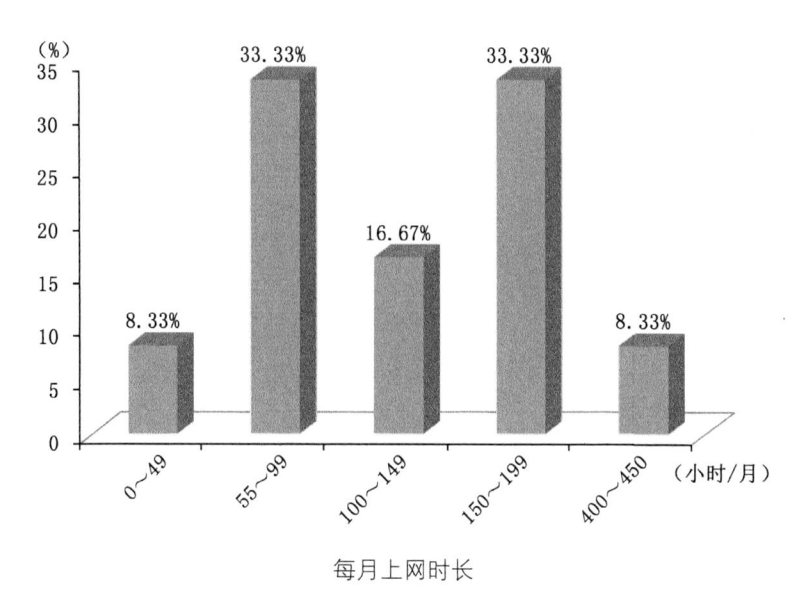

每月上网时长柱状图:
- 0~49: 8.33%
- 55~99: 33.33%
- 100~149: 16.67%
- 150~199: 33.33%
- 400~450: 8.33%

每月上网时长

通过问卷和交谈发现,虹桥村互联网基础设施较为普及,互联网的应用情况总体不错,村委会积极采取措施营造优良的互联网环境,村民也逐渐认识到互联网带给生活的便利性。

但是有一个问题不容忽视,由于村里外出务工者居多,所以不少村户都只有老人和孩子在家。在调查中,一些中老年人也表达了自己想要学习使用互联网,至少是使用网络聊天工具的意愿。但这些中老年人不懂得如何操作,子女有时回来会教他们如何使用,但一走就又不会了。因此,他们很希望能开展一些关于微信语音、微信视频的简单操作培训,让思念子女的老人也能方便地沟通交流。

李强书记在上海市实施乡村振兴战略工作会议上指出,上海的发展离不开乡村,正是有了乡村的滋养,城市才能生生不息、持续发展,要优化人居环境,在提高农村基础设施建设的同时,着力提高农村公共服务水平。

就如我们在上财十年千村调查数据中所发现的,多年来的乡村发展之路更多看到的是乡村"硬路"的建设,而在乡村振兴的"软路"建设上,在村村通网络、信息高速公路建成后,怎样让村民通过互联网应用得到更多的关怀和便利,还需要下功夫。

或许在外界的印象中,上海财经大学与金融业的关系更紧密些。没错,上海国际金融中心的建设有着上财人的才智贡献,但上海这座国际化大都市的乡村振兴,上财人同样也是责无旁贷。2017年10月,在上财千村调查推出的第十年,学校专门成立了三农研究院。2018年3月,三农研究院院长吴方卫教授领衔主持的"上海推进郊区(乡村)振兴战略研究"项目获得学校立项,这传递的信号是:服务经济社会、服务上海,这是上海财经大学的使命!

结束本篇分析时,不知为何联想起近来闹得沸沸扬扬的中美301争端,突然发现中国的回击精确地打在了对方的七寸上:或许一颗小小的"大豆"真的会让美国政府"头大"。这就是"三农"的重要性,无论其他上层建筑如何发达,农业、农村、农民是一个国家最基本的命脉。而这对于一个城市来说又何尝不是如此,实施乡村振兴战略,这是上海建设卓越全球城市和现代化国际大都市的需要。

2018-04-08

微信链接:https://mp.weixin.qq.com/s/NmLIsYA_u4hFseCMSL-KNg.

10.4 千村十年,行走在世界级生态岛

十年千村大数据的第三篇,我们用崇明岛建设镇虹桥村的十年,展示了大都市一个小乡村的发展。十年来,上财千村调查年年来到这座世界级生态岛——崇明岛,在那里留下了学子们千村调查的身影。

崇明位于长江入海口,由崇明、长兴、横沙三岛组成,总面积1 411平方公里,其中崇明岛是世界上最大的河口冲积岛,也是继台湾岛、海南岛之后的中国第三大岛。崇明岛素有"长江门户""东海瀛洲"之美誉,陆域总面积1 267平方公里。长兴岛位于吴淞口外长江南支水道,陆域总面积88平方公里。横沙岛是长江入海口最东端的一个岛,陆域总面积56平方公里。崇明、长兴、横沙三岛互成犄角之势,组成崇明区。

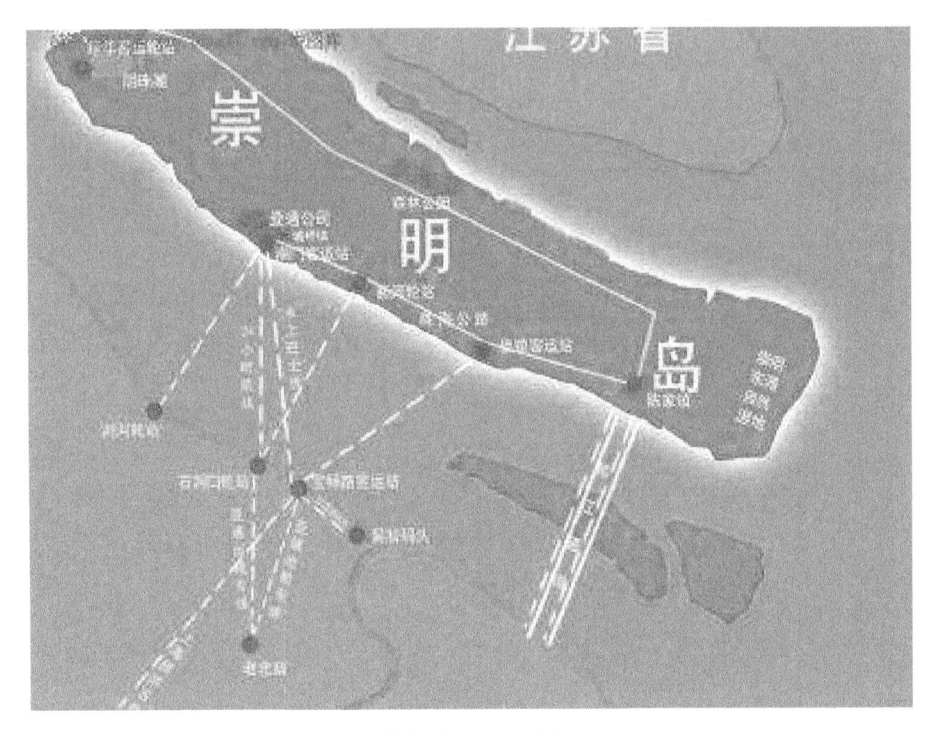

崇明岛(图片来自网络)

崇明区辖 16 个镇、2 个乡，分别是：城桥镇、堡镇、新河镇、庙镇、竖新镇、向化镇、三星镇、港沿镇、中兴镇、陈家镇、绿华镇、港西镇、建设镇、新海镇、东平镇、长兴镇、新村乡、横沙乡。

千村十年，我们的足迹踏遍了这座世界级生态岛除东平镇以外的 17 个镇乡。

这是十年里，我们去各镇（乡）的次数，其中去的最多的是陈家镇、庙镇、竖新镇，十年里有 8 年都去了。

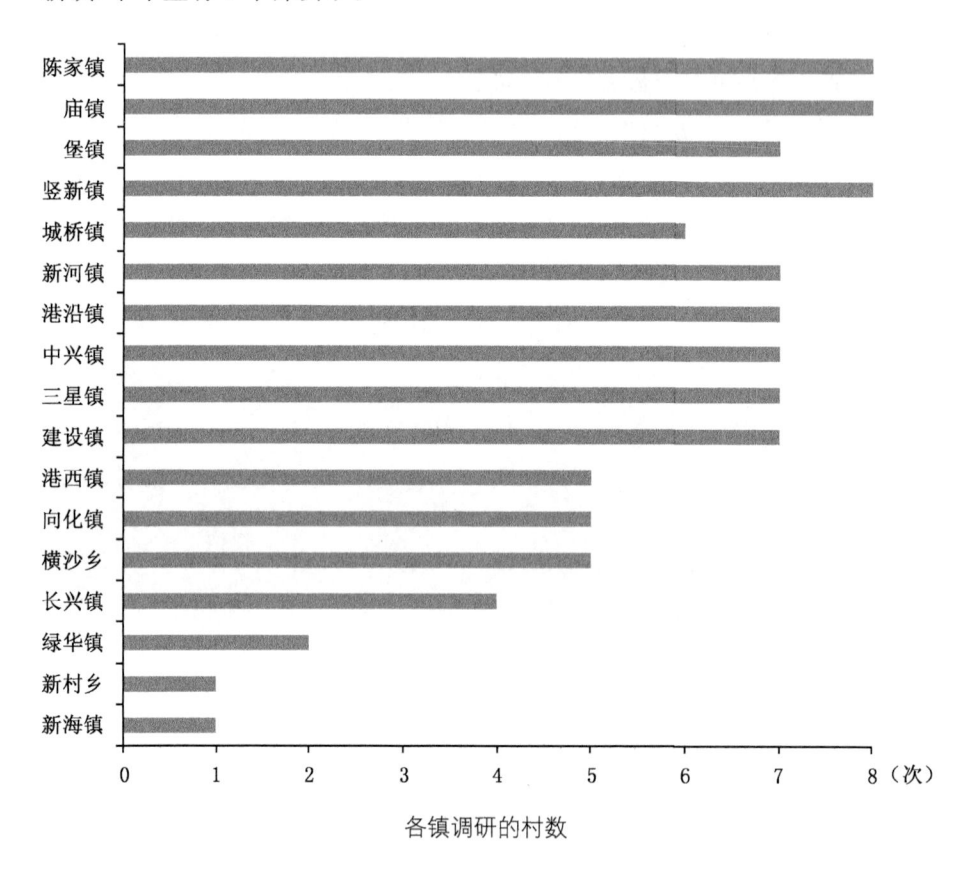

各镇调研的村数

这是十年里，每一年我们足迹所到的镇(乡)数，其中 2009 年和 2010 年，足迹去到 14 个镇。

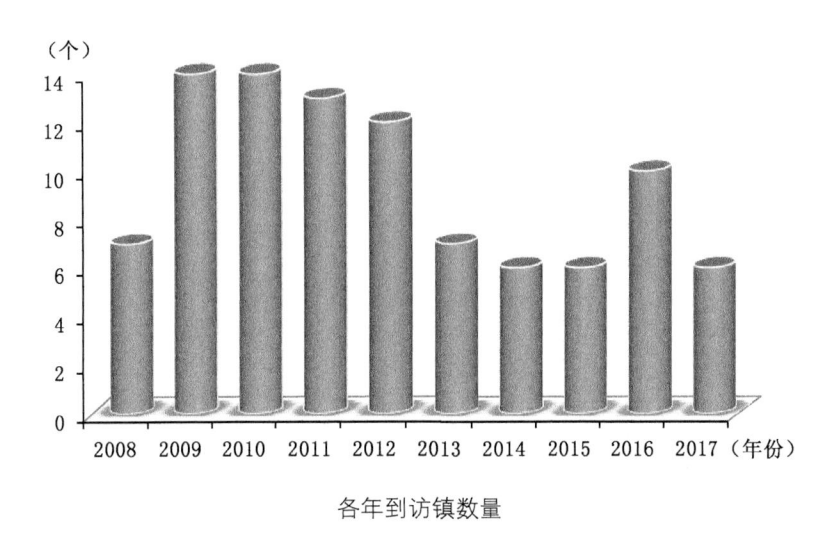

各年到访镇数量

这是十年里，每一年我们在各镇(乡)所调研的乡村数量，其中 2009 年，我们调查的村数量最多，达到 47 个。

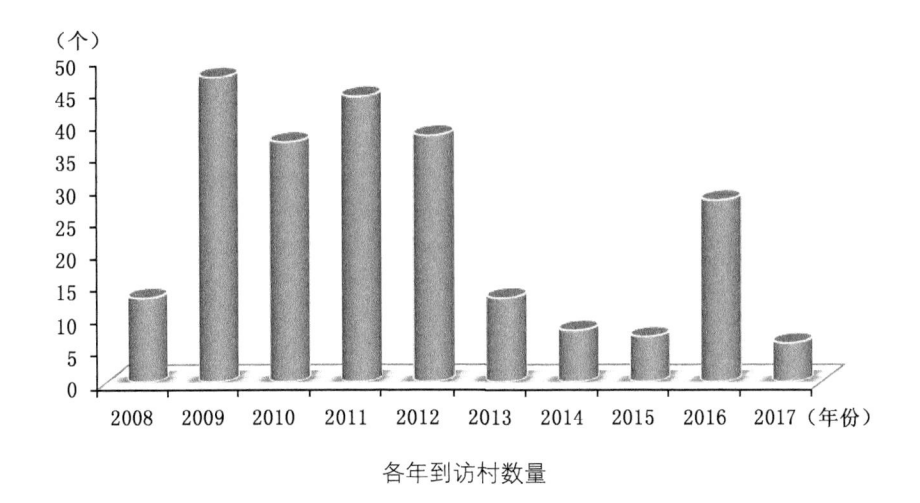

各年到访村数量

这是十年里，我们在各镇(乡)到访的乡村数量排名，其中陈家镇最多，十年里调研了 35 个(次)乡村。

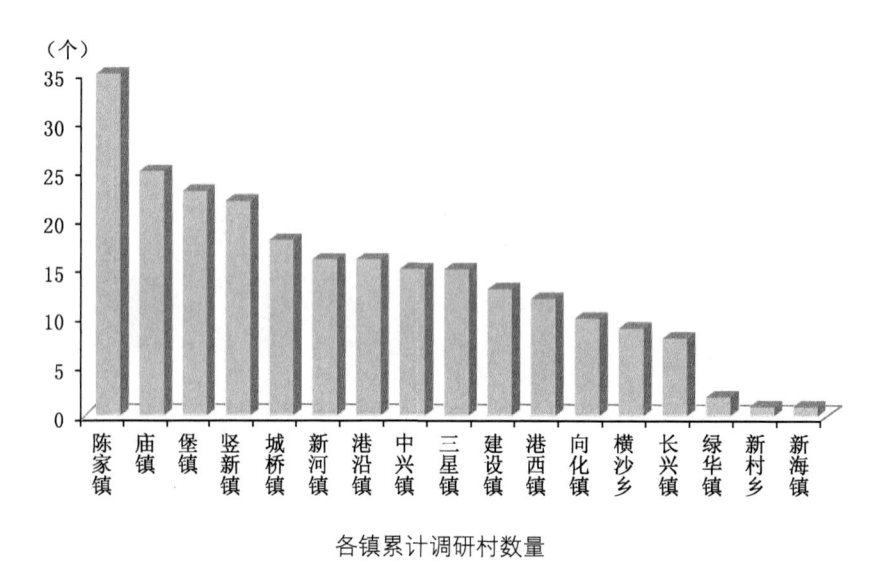

各镇累计调研村数量

应该说，相对于上海这个大都市的其他郊区，崇明的农味更浓，上海对于崇明这座生态岛的建设寄予了厚望。我们从崇明世界级生态岛乡村振兴工作文件中，挖掘梳理了崇明乡村振兴的重点，从下面的词云图中可见一斑。

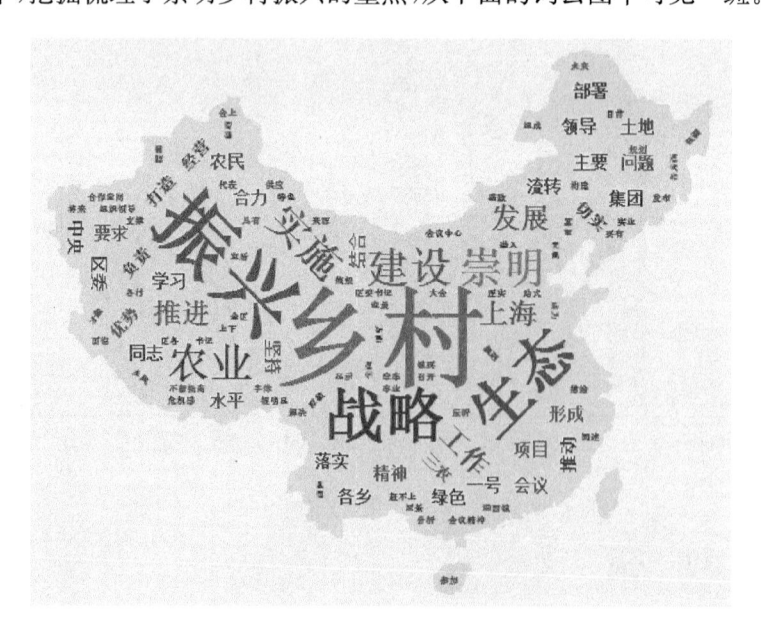

如今,上海这座国际大都市不仅要努力建设具有全球影响力的中心城市,同时,也已经吹响了振兴乡村的号角。而上海财经大学千村调查新的十年也已经开始起步,新的十年,我们会继续来到崇明,记录这座世界级生态岛在大都市乡村振兴中的变化。

2018-04-09

微信链接:https://mp.weixin.qq.com/s/794Yt7F72OKSqRk2PuDYxg.

10.5 千村十年,为乡村振兴献良策

十年千村,上财学子们"走千村、访万户、读中国",足迹遍布大江南北。项目自2008年启动以来,十年里,累计1.7万余名上财学生走访了近万个村庄的12万多户农户,发放问卷18万份。

十年千村大数据的第四篇提及,十年来,上财千村调查年年来到崇明这座世界级生态岛,在全岛18个乡镇中的17个留下了学子们千村调查的身影。那么,通过调研我们发现了什么,又给这座生态岛提出了哪些建议呢?

第十年的生态岛之行,上财学子们调研了崇明岛6个镇的乡村。通过对调研数据的分析,我们发现6个村中有5个村或多或少的在从事与休闲旅游有关的工作,这也是充分发挥崇明生态岛旅游资源,带动乡村振兴发展的一条途径。

表10-2   各村主要产业

镇	村	主要产业
建设镇	虹桥村	农业、林业|休闲旅游业
堡镇	桃源村	农业、林业|休闲旅游业
新海镇	长征农村	休闲旅游业
向化	向化村	农业、林业|养殖畜牧业|休闲旅游业
庙镇	保东村	农业、林业|养殖率牧业
竖新镇	前卫村	农业、林业|休闲旅游业

数据比较的雷达图显示,竖新镇的前卫村在各项指标上均较为突出。

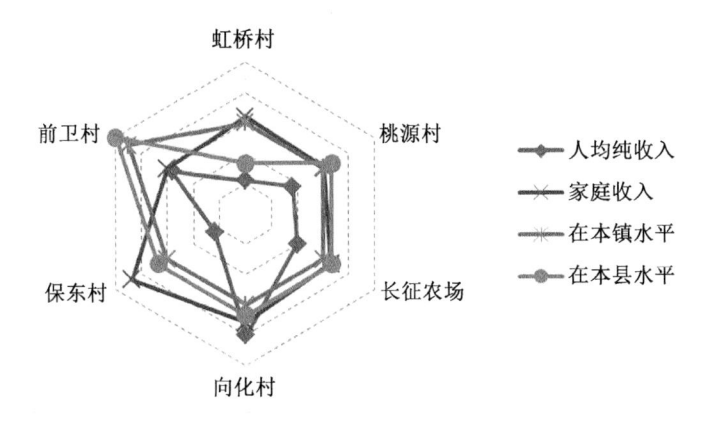

数据比较雷达图

来到前卫村调研的是金融学院的黄一晟、马奕宏同学,以及信息工程与管理学院的闻雨同学,三位同学不仅顺利完成了千村调查,更结合调研对当地休闲旅游业——农家乐的发展提出了建议。

三位同学在调研期间发放并回收村主任问卷1份,村民问卷40份。村主任问卷包含全村的人口组成、劳动力构成、经济组成、土地使用情况、互联网基础和应用情况等内容;村民问卷主要包含人口及劳动力组成、收入来源、互联网基础情况、电子商务应用等内容。通过调查问卷可以清楚地了解前卫村经济和农家乐产业的大部分客观信息。

在对农户进行问卷调查的过程中,三位同学与村主任和随机选取的从事农家乐及其相关产业的12户农户进行了访谈调研,内容主要涉及农家乐及相关产业的经营状况、当前农家乐经营受到的阻碍、对前卫村农家乐管理的看法及建议、对农家乐经营模式转型的态度等方面。同时,三位同学还对崇明区的相关旅游目的地、商业中心地分布进行了多方面的咨询和考察。

在上述调研基础上,三位同学联合写出了题为"基于共同演化理论对上海市农家乐发展的建议——以前卫村为例"的调研报告。

报告基于共同演化理论,将农家乐产业的发展划分为旅游组织、旅游产品、旅游制度三大维度,探索每一维度内部存在的问题及不同维度间的相互作用和共同演化的机理。

闻雨同学在调研中

报告基于对前卫村案例的调研,发现农家乐产业在"村民保守的思维形成惯性与前卫村对旅游业路径依赖的惯性的冲突"这一根本原因之下,存在旅游组织松散,旅游产品定位不清、层次扁平、缺乏创新,旅游制度僵化、力度不足三大问题。

报告从三个维度提出了建议:旅游组织方面,从多角度切入建立村管理层信任,逐步改善小农思维;旅游产品方面,创新乡村旅游产品种类,提升乡村旅游产品质量;旅游制度方面,寻求制度创新,探索村民自治。

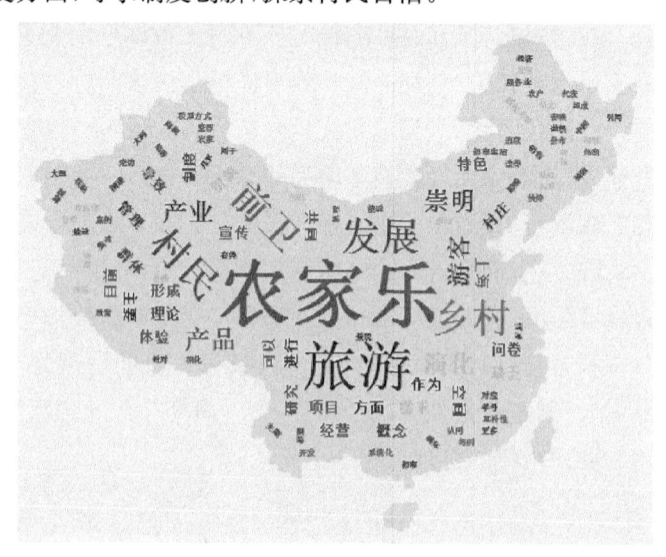

对调研问卷、访谈记录、调研报告进行文本挖掘后统计的词云图。

利用暑期,行走在阡陌田野,用眼睛观察,用心灵感受,用知识解读,用理论建言,这就是上财千村调查的魅力,也是千村调查给予学子们的磨砺。上海,这座国际大都市的乡村振兴,离不开万千学子的参与。在此,我们呼吁上海的高校行动起来,加入我们的千村行列,让我们一起相约在申城的郊野田间。

2018-04-12

微信链接:https://mp.weixin.qq.com/s/T2egOsxXRvOj4zvpq9Sp5Q.

10.6 千村十年,在那桃花盛开的地方调研暨建议

不经意间,课题组对千村十年数据的分析,打开了上财千村这瓶十年陈酿的盖子,再遇到上海大都市也要搞乡村振兴的号角吹响,就犹如催化剂激发了更强烈的化学反应。这里有上财师生十年坚守的初心,有学子们十年奔波的足迹和雏凤清音的建议,更有专家学者的把脉。

上海市民或许都记得,1990年4月18日,历史意义的一刻。当时李鹏总理在上海大众汽车有限公司成立五周年大会上宣布了中共中央、国务院关于开发开放上海浦东的重大决策:同意上海加快浦东地区开发,在浦东实行经济技术开发区和某些经济特区的政策。

28年来,大家已经熟悉了浦东陆家嘴金融城,也了解了张江科技城,但还应该知道的是,浦东这片改革开放的热土上有着广袤的田野,有着需要依靠大都市一起振兴的乡村,有着那一片桃花盛开的地方。

浦东桃花节

"春风十里,我在灿若烟霞的花海里等你。"十里桃花,让我们记住了桃花节,也记住了大团、新场、惠南、老港这几处浦东的桃花之乡。而千村十年,我们学子的足迹一次次来到这十里花海。

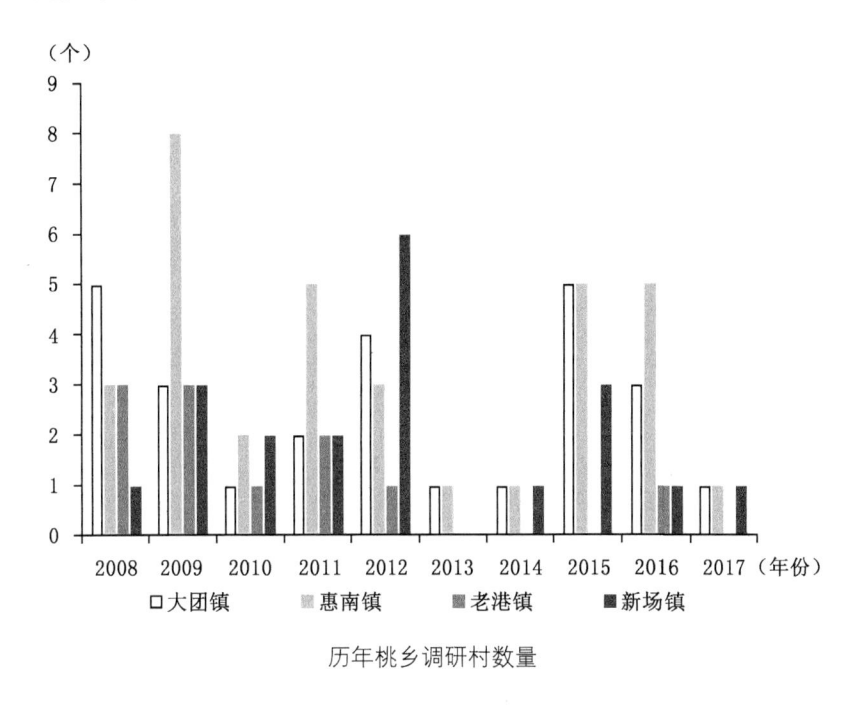

这是十年里，上财学子在桃乡调研的乡村数量。

历年桃乡调研村数量

另外，在我们的十年调研数据中有一个有意思的发现，大团镇和新场镇各有一个名叫"果园村"的村庄，而十年里，这两个果园村，我们恰好各去了5次。

新场镇果园村
的桃园春色

这些年,桃花盛开时节,浦东着力打造桃花节,吸引了无数游人。可当桃花盛开之后,这些桃乡的情况又如何？桃园结果后果农们卖桃是否顺利,水蜜桃销售能否搭上互联网的快车。在2017年信息管理与工程学院承接的第十年千村项目并将主题定位于"农村互联网应用"时,这些问题也成了我们调研的重点。

必须说明的是,由于上海郊区乡村的特殊性,有些并不是真正意义上的农业村,其实这在全国的调研中也遇到了同样的情况。所以,我们在2017年调研的浦东样本中剔除了非农业村,目的是想了解真正以农业为主业的村民通过网络销售所种植的农产品,其真实情况到底如何。

这是在所有农业村入户调研,询问是否通过网络销售农产品时得到的结果,81%的村民回答"否"。

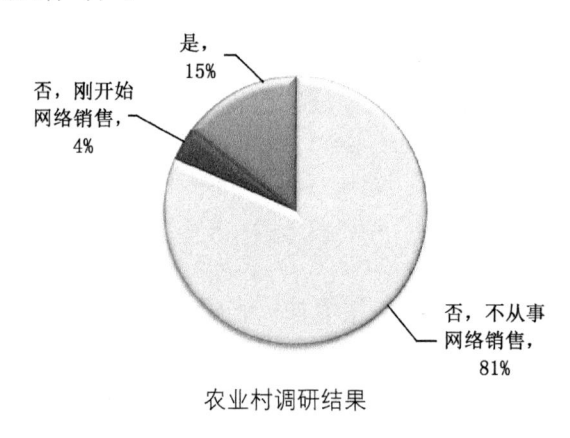

农业村调研结果

这是在新场镇果园村入户调研,询问是否通过网络销售农产品时得到的结果,回答"否"的比例更高。

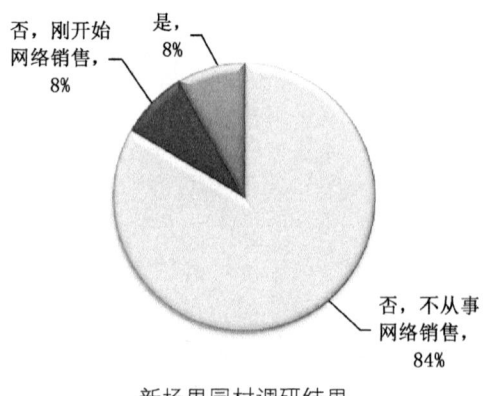

新场果园村调研结果

这一调研结果，粗看似乎会让人有点沮丧，感觉上海农村的电商水平怎么这么低。但仔细想想，或许这就是农村，这就是农村电商最真实的情况。

这些年，有关农村电商的发展，部分有被炒作放大的成分，让人觉得似乎突然间农村都搭上了互联网的快车，农民们都变成了网络营销的行家，普通的农村都成了网络销售强村。

上财学子们冒着酷暑深入农村、挨门挨户访谈回来的情况是最真实的。从调研反馈看，部分村民们知道可以通过类似淘宝店铺来销售自家的农作物，但不使用的原因用村民的原话来说是：开淘宝店铺太过复杂，不会操作，也无时间打理。而相比之下，通过小辈的微信朋友圈将父母长辈种植的各种瓜果蔬菜进行宣传推销的情况，倒是多一些。暑期调研时，恰逢水蜜桃上市，调研中的潘女士（年龄47岁）一家，正是通过微信朋友圈向亲朋好友推销自家父母种植的水蜜桃，因此接收到许多订单，使得父母种植的水蜜桃很快就销售一空，不再有往年滞销的状况出现。但这样的情况，依赖的是家中的小辈，并非所有农户都能这样。

再来看看新场镇果园村。果园村坐落于新场古镇西侧，村域面积3.22平方公里。全村依靠农业致富，"新凤蜜露"桃连获上海市及全国农产品金奖，12家果业合作社、3大知名品牌辐射周边，桃树种植650公顷，是一个桃文化浓厚、桃产业强盛的水乡桃源。这里传递非常强劲的信号是：品牌、合作。没错，创品牌、谋合作，才是水乡桃园的强盛之路。这也从另一个侧面解释了前面调查数据为何80%以上的农户不通过网络销售。不是网络销售不好，而是作为农户，他们的强项是种植，不是销售，更不网络销售。流通销售的工作应该交由专业的机构来做，通过产、销的协作机制进行。而对于从事农业的农户，他们要做的工作就是为流通末端的消费者生产出最优质的农产品。所以80%的农户不通过网络销售，并不代表上海农村互联网电商应用水平的低下，反而是专业化分工合作达到帕累托最优的体现。

记得2017年8月23日，商务部、农业部联合下发了《关于深化农商协作大力发展农产品电子商务的通知》，要求以农业供给侧结构性改革为主线，顺应互联网和电子商务发展趋势，充分发挥商务、农业部门协作协同作用，以市场需求为导向，着力突破制约农产品电子商务发展的瓶颈和问题，加快建立线上线下融合、生产流通消费高效衔接的新型农产品供应链体系。

线上线下融合,建立起生产、流通、消费三者高效衔接的新型农产品供应链体系,这才是农产品电商真正要突破和解决的瓶颈问题。而这里,牵起生产和消费两头的流通企业责任重大,通过互联网技术提高流通效率,指导生产、引导消费,实现全产业链的数字化协同,这就是今天数字化时代农产品电商或者是我们平时习惯从城市视角称之为生鲜电商要做的工作。

上一篇,大家看到上财学子以前卫村为例"基于共同演化理论对上海市农家乐发展"提出了建议,那么这一篇,不妨来听听专家学者对于以促进桃乡水蜜桃销售为代表的生鲜电商的发展建议。

首先,我们不提倡桃乡盲目地推广每家每户都进行网上销售,而是希望农户把真正的精力用在种出好产品上。

其次,我们希望上海的生鲜电商企业能为南汇水蜜桃乡的振兴多出一把力。

下面这三段对话,事先并没有与三位老总沟通,只是笔者作为上海的电商研究者同时也是上财千村项目组成员提出的建议。

致易果集团董事长兼CEO张晔:

张总,您同时也是上海市网购商会的会长,作为商会的专家,我算起来还是您的兵。注意到您在2018数字化创新大会上提到了生鲜市场的供应链挑战:短保、非标、冷链。而鲜桃的短保特征尤为明显,因而限定了其销售半径和时间。同时,我们注意到2017年,易果也加入到了南汇水蜜桃的网上销售队伍中。2018年,希望能借助易果数字化供应链能力连接的便利店,帮助南汇水蜜桃这一短保生鲜品快速销售。

致盒马鲜生创始人兼CEO侯毅:

侯总,作为盒区房用户,自2017年9月盒马推出日日鲜以来,我曾多次表达过赞美之词,同时也以一个电商研究者的身份说过:通过和基地、农民建立双赢的渠道,以及订单生产,全程冷链保证商品品质,日日鲜其实是在以新零售技术深度重构供应链,实现生产者、消费者、企业方的三赢。2018年夏天,希望能在盒马日日鲜蔬菜、肉类、牛奶的基础上,增设日日鲜桃(水果),以App预定的方式,汇聚订单给桃乡基地,按量采摘,将最新鲜的玉露蜜桃送达消费者手中。

致上农批总经理张春华：

张总,清楚地记得2017年12月1日您在第四届中国(上海)生鲜电商论坛上的发言:主产区观念落后,导致生鲜源头的"碎片化","病"在最初一公里,"倒"在最后一公里,要帮助主产区培养新一代产业农民。记得那天我曾发朋友圈这么说:老兵忠言,振聋发聩！张总,您同时也是上海市果品行业协会的会长,从需求侧的标准倒逼供给侧改革,2018年,希望能把新西兰佳沛奇异果工厂化生产的理念传递给桃乡的农民和政府,让鲜桃的生产过程实现提质升级,让鲜桃的质量有更高的保证,由您这位老总级诗人为桃乡再赋一首更美的桃园丰收诗。

第三,建议桃乡及相应主管部门抓住上海"四个品牌"的建设机遇,将南汇水蜜桃打造成为"上海购物"的原产地新品牌。

近日,由荷兰合作银行(Rabobank)制作发布的2018世界水果地图,揭示了全球水果行业的现状及关键趋势,报告称全球所有水果中约80%都是以新鲜形式出售,水果市场远比蔬菜市场更为全球化。

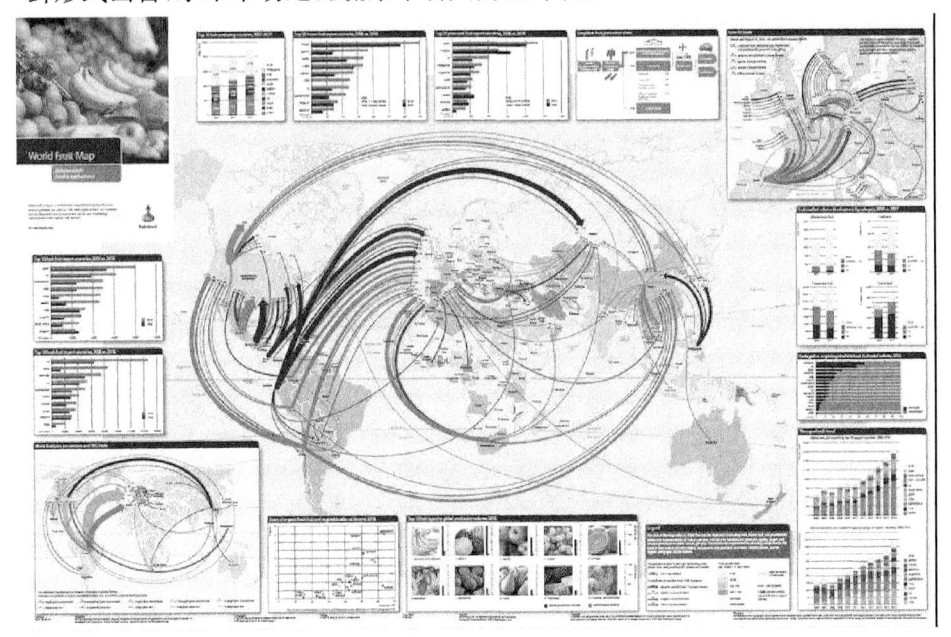

2018世界水果地图

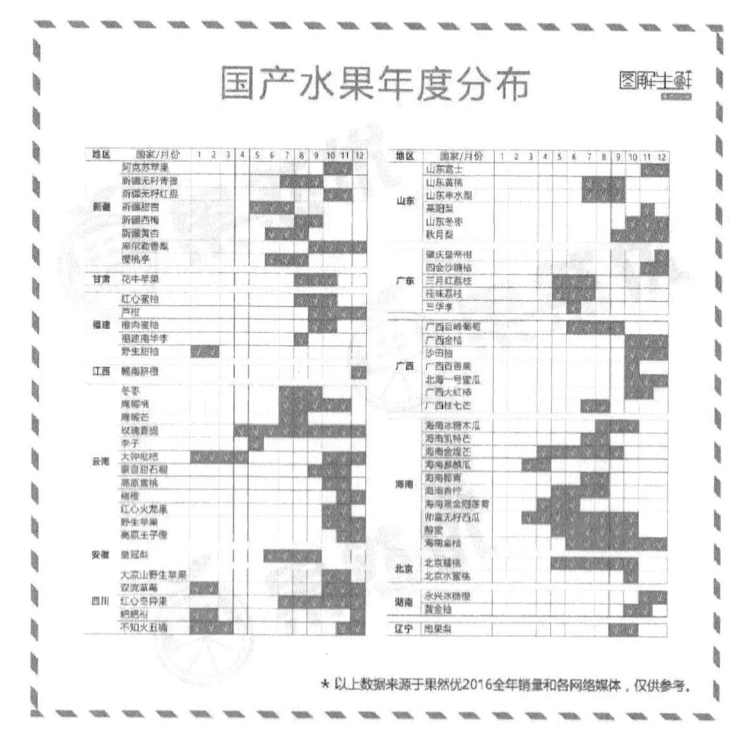

由果然优在 2017 发布的中国水果地图和国产水果年度分布图中，竟然找不到上海南汇水蜜桃的影子，但北京的蟠桃和水蜜桃却赫然在目。

或许会有人认为，这是因为果然优这家企业所在地区为广州的缘故。其实果然优是一家致力于用互联网技术重构水果流通效率的 B2B 电商平台，不应该受太多地域的限制，从水果地图中天南地北各类水果的分布就说明了这一点。因此我们只能理解为，上海南汇水蜜桃因为或是知名度，或是销量，或是其他的种种原因，未能进入果然优的销售统计分析中。

在此，我们建议桃乡和相应主管部门，除了打造旅游文化为主题的桃花节，还应该在桃花盛开之后的水蜜桃产品上再下功夫，合力将南汇水蜜桃打造成具有特定地理标志的产品，抓住上海打造"四个新品牌"的机遇让南汇水蜜桃成为"上海购物"的原产地新品牌，让 2018 年夏天来上海的游客，人手一盒水蜜桃作为伴手礼带走。

另外，我们注意到，3 月 31 日，果然优荣膺中国首届"B2B 明日之星"争霸赛冠军，3 月果然优成立上海分公司，准备开辟华东市场，上海的生鲜电商领域又进来一位强劲的选手。但不管企业竞争如何，我们希望能够把桃乡的产品尽快、尽好地销售出去，振兴大都市的乡村。我们希望，在今后的中国水果地图上，能看到上海南汇水蜜桃的影子。

2018-04-13

微信链接：https://mp.weixin.qq.com/s/hmU－DBhdnaK03XGt94d4Sg.

10.7　千村十年，总书记关心的"小事情"

乡村振兴，既是一项战略举措，更是一个资源认识、优化、盘活和重新配置的过程。通过实施乡村振兴战略，将给中国的农民群众带来更多的获得感、幸福感。而其中，看似无关紧要的小事情——"厕所革命"，也将是乡村振兴战略的一项重要内容和抓手。

上财大数据分析的第六篇，我们立足浦东桃乡我们分析的是"Input"的美味，那么五谷轮回之后，"Output"的结果又如何呢？在我们的千村十年调查中，就有这么一块看上去不登大雅之堂的数据，但它却是从小角落折射了乡村振兴的大问题。

下面这几句话应该不陌生吧！

农村的厕所大多为旱厕，能避雨却不能避风，冬天寒风嗖嗖冻屁股，夏天苍蝇嗡嗡嗡群舞。就连那些农村长大的朋友，外出打工回到家乡，问他们最不习惯、最不方便的是什么，高频答案总少不了"上厕所"。城里女孩吃了男友老家的饭、上了老家的厕所之后，连夜跑回了城里……

没错，上厕所的问题，在人们的日常生活中，的确是一件极普通的事情。但就是这样一件极普通的事情，却长期以来体现着城乡差别、贫富差距。正可谓，小康不小康，厕所是一桩。

党的十八大以来，习近平总书记在国内考察调研过程中，经常会问起农村厕所改造问题，会详细询问村民使用的是水厕还是旱厕，在视察村容村貌时也会详细了解相关情况，强调"小厕所、大民生"。

那么，在我们的千村调查数据库中，又为这件"小事情"记录下了怎样的大数据呢？

为了使得数据具有一定的可比性，我们选择了2013年和2017年的定点调查数据进行对比，除极个别地区外，大部分县域保持不变。

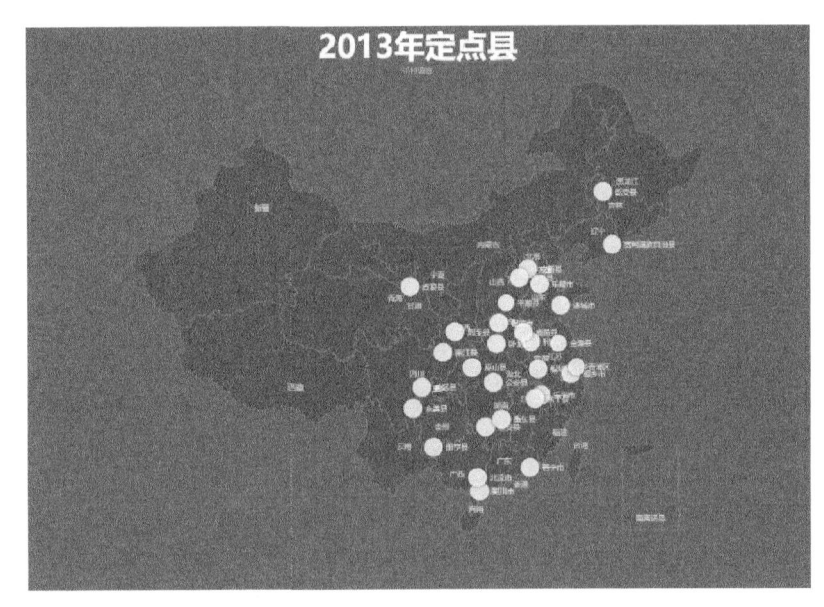

2013 年
定点县

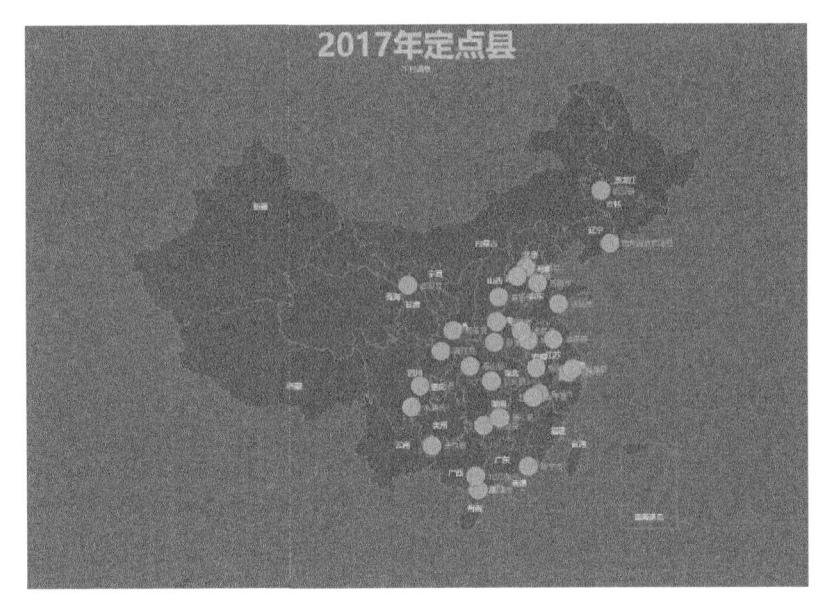

2017 年
定点县

从 2013 年到 2017 年，五年来能明显地看到农村厕所改造的成效。其中，室内冲水厕所、马桶的比例从 2013 年的 32.52% 上升到了 2017 年的 55.06%。

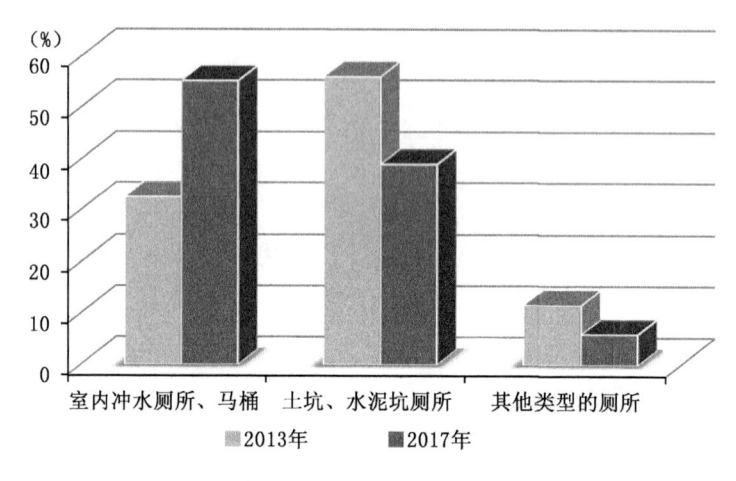

2013 年和 2017 年农村厕所变化

而这一成绩的取得，与农村厕所改造工作息息相关，五年来，实施厕所改造计划的农村比例已经上升到了 63%。

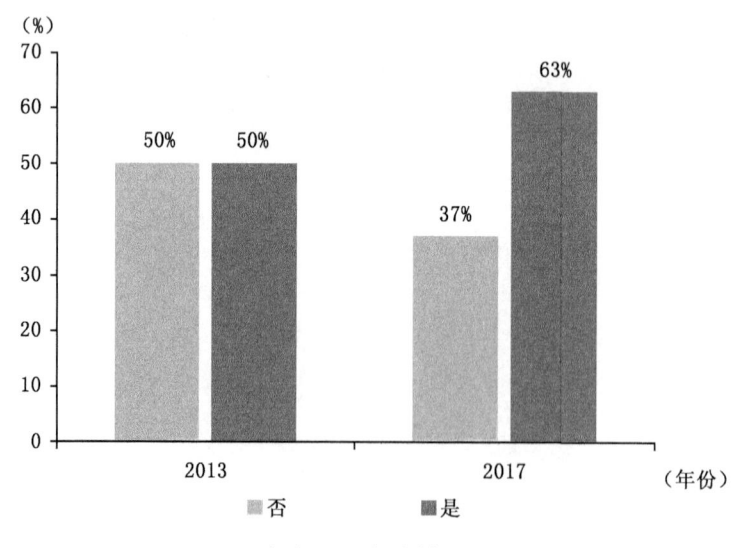

2013 年和 2017 年农村厕所改造

但即使是厕所改造已有成效的 2017 年,各地区间的差异情况还是比较明显的。按照调查区域的划分,可以看到,样本中东北地区厕所改造任务还很艰巨。

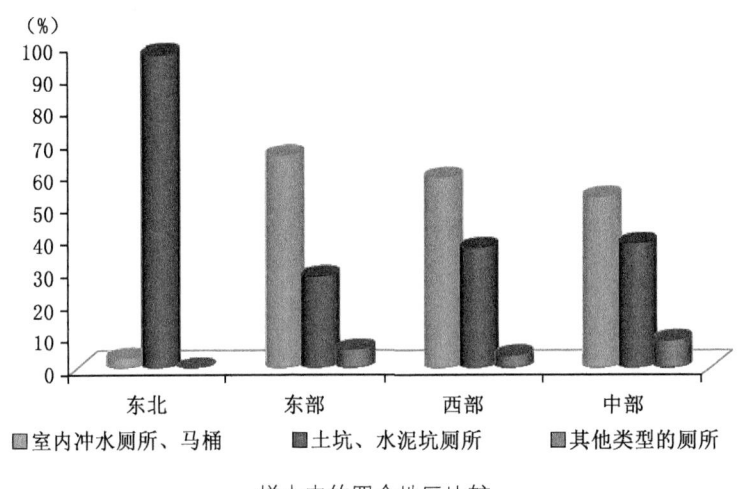

样本中的四个地区比较

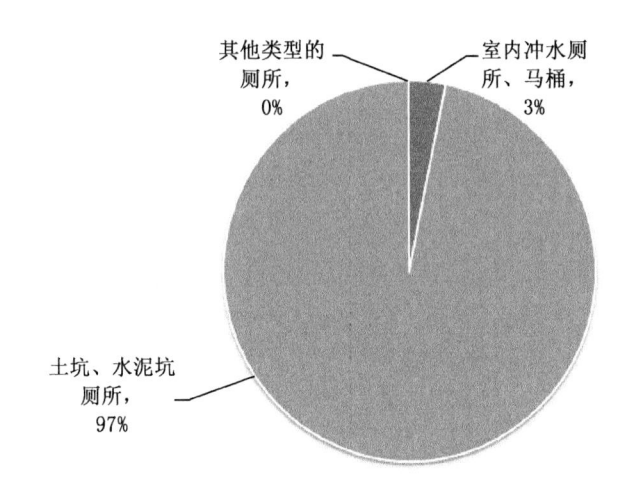

样本中的东北地区

其他类型的厕所，6%

土坑、水泥坑厕所，35%

室内冲水厕所、马桶，59%

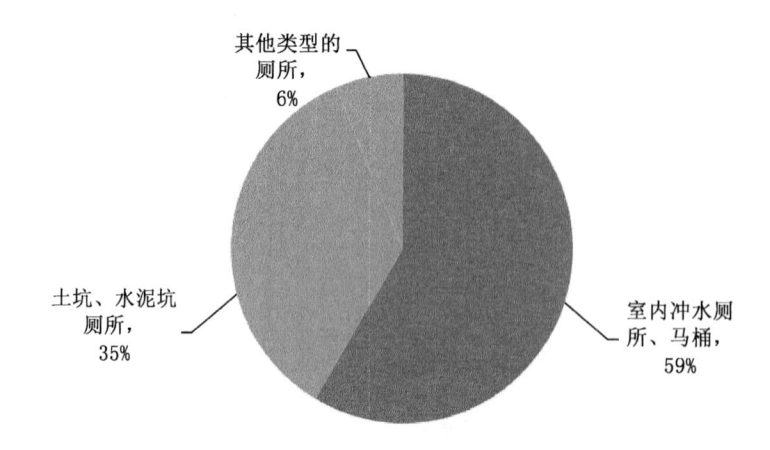

样本中的东中西部地区平均

世界卫生组织指出，厕所是一种全世界通用的"嗅觉语言"和"视觉语言"。它不仅能够反映出一个国家和地区的文明程度，还直接影响到当地人的身体健康和地方形象。

当前，我国农村地区，卫生厕所普及率仍有待提高，厕所质量、管理服务、科技应用、如厕文明仍有较大提升空间，与满足人民美好生活需求还有不小的差距。在幅员辽阔的中国大地，要让"厕所革命"照亮每一村每一户的"小角落"，仍然任重道远。

2017年，习近平总书记针对"厕所革命"做出重要指示："厕所问题不是小事情，是城乡文明建设的重要方面，不但景区、城市要抓，农村也要抓，要把这项工作作为乡村振兴战略的一项具体工作来推进，努力补齐这块影响群众生活品质的短板。"民生小事，体现了习近平总书记的大情怀。

民生存在于每一件小事，亿万人的小事就是一件大事，农村"厕所革命"这件小事，在乡村振兴战略实施中将"大有用武之地"。走入新十年的上财千村调查，我们的大数据将继续跟踪记录这件总书记关心的"小事情"。

2018-04-28

微信链接：https://mp.weixin.qq.com/s/YFPmHU6HiRW－MVJuz7dqAA.

10.8 千村十年,农村普惠金融"成色几何"

2018年2月,《中共中央国务院关于实施乡村振兴战略的意见》发布。实施乡村振兴战略,需要解决钱从哪里来的问题,必须提高金融服务水平,普惠金融重点要放在乡村。

普惠金融(Inclusive Finance)的概念,是2005年由联合国提出的,指以可负担的成本为有金融服务需求的社会各阶层和群体提供适当、有效的金融服务。其中,小微企业、农民、城镇低收入人群等弱势群体是普惠金融的重点服务对象。

十余年来,金融的普惠服务经历了"小额信贷—微型金融—传统普惠金融—数字普惠金融"的演变和发展。同时,衡量金融的普惠性,不仅仅看融资需求的满足程度,也包括存取款、转账、支付等诸多基础金融服务的可获得性。

那么,在我们的千村十年数据中,又为农村地区的普惠金融记录下了什么呢?

2015年和2017年,千村调查两次把调研的目光落在了为农村地区提供金融服务的机构身上。从我们的调研数据看,为农村地区提供金融服务的机构主要集中于8类(多选结果),其中最多的是农村信用社,有68%的农村使用了农信社提供的金融服务。

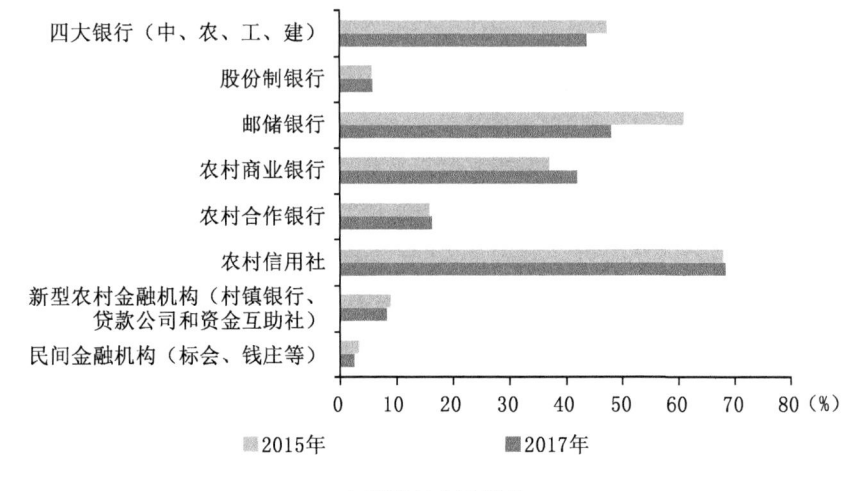

主要农村金融机构

若按照提供金融服务的机构占比来看,根据调研数据,2015 年农村信用社的占比最高,为 27.5%;其次是邮储银行,为 24.7%;第三是四大银行(中、农、工、建),占 19.1%。

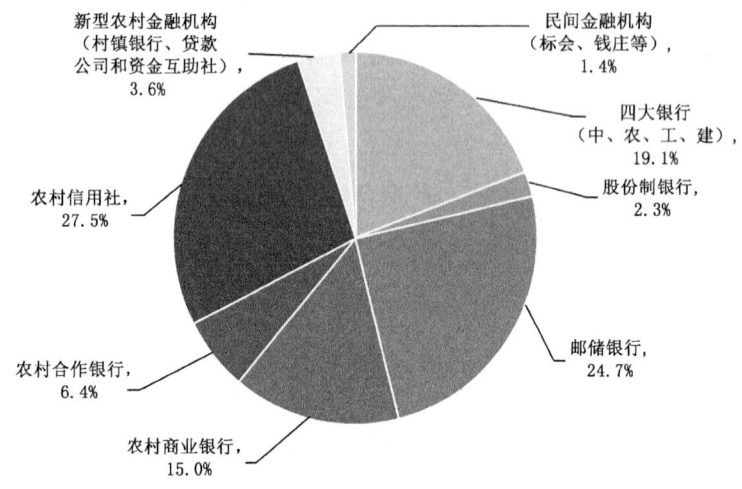

2015 年农村金融机构占比

2017 年高居榜首的依然是农村信用社,占比上升为 29.1%;第二名依然是邮储银行,占比下降为 20.5%;第三名还是四大银行(中、农、工、建),占比下降为 18.6%;第四名农村商业银行快速上升,占比为 17.9%。

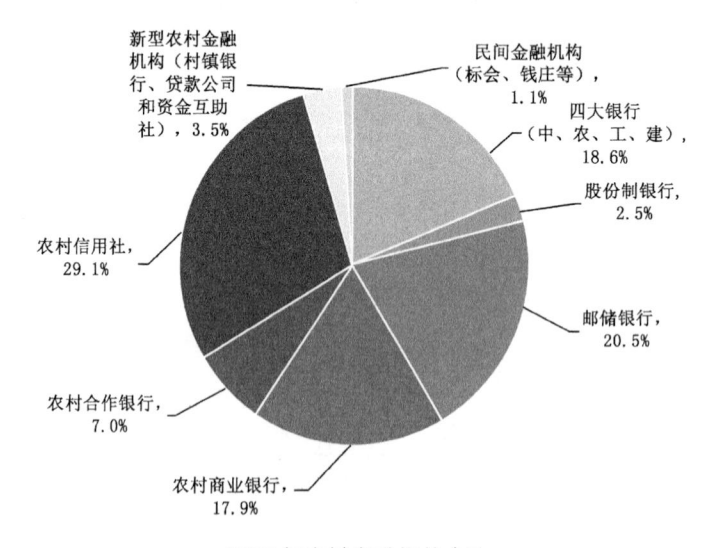

2017 年农村金融机构占比

第十章　十年千村大数据分析报告 | 169

　　为使数据更具可比性,参考第七篇的做法,我们选择 2015 年和 2017 年的定点调查数据再次进行对比。从两年的定点县域图可以看到,调研地区完全一样。

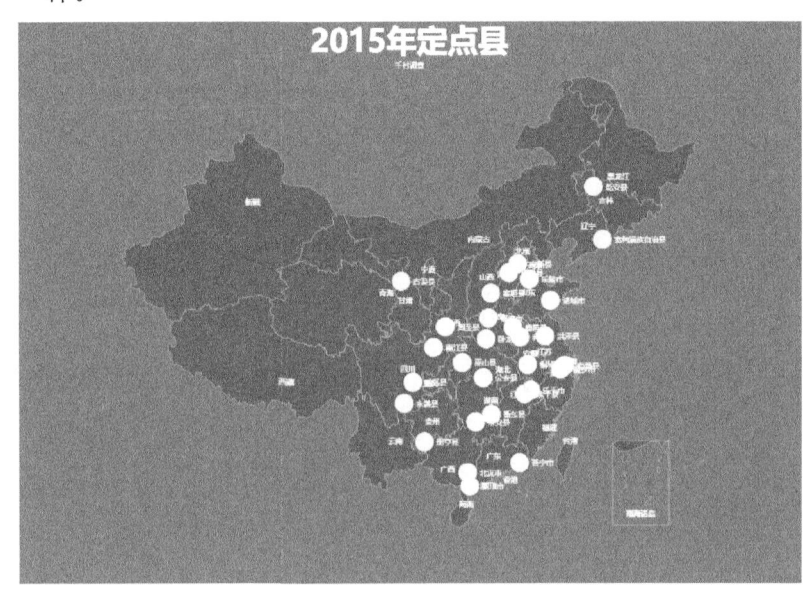

2015 年
定点县

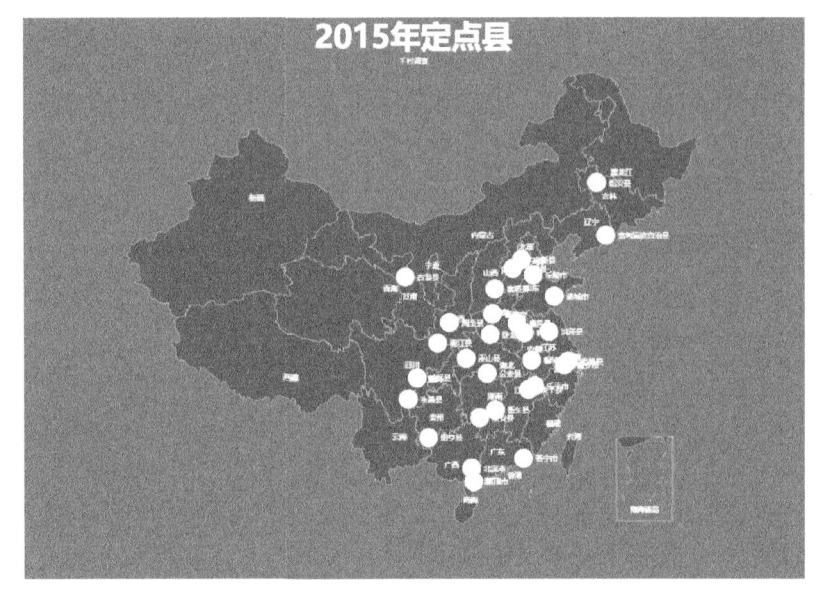

2017 年
定点县

从 2015 年到 2017 年，虽然前两名都是农村信用社和邮储银行，但是定点区域的农村商业银行占比上升迅速，已超过四大银行（中、农、工、建），成为第三名。

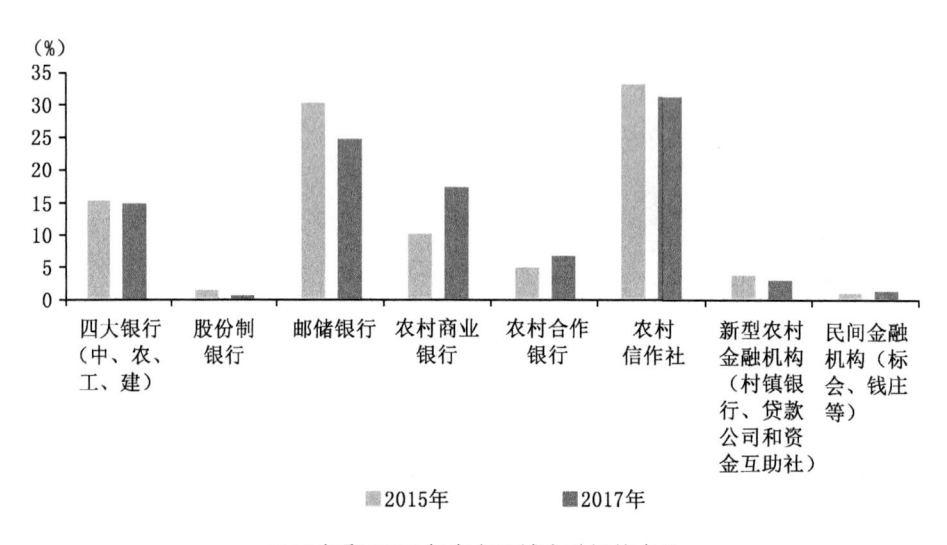

2015 年和 2017 年定点区域金融机构占比

"五一"前夕，央行发布了 2017 年农村地区支付业务发展总体情况报告。根据央行的统计，截至 2017 年末，农村地区每万人拥有的银行网点数量为 1.30 个，县均银行网点 55.99 个，乡均银行网点 3.93 个，村均银行网点 0.24 个。非银行支付机构为农村地区提供网络支付业务共计 1 417.82 亿笔，金额 45 万亿元。其中，互联网支付 122.73 亿笔，金额 2.1 万亿元，单笔金额 171.11 元；移动支付 1 295.09 亿笔，金额 42.9 万亿元，单笔金额 331.25 元。移动支付业务占绝对优势。

关于移动支付的普及，在我们的千村调查数据中也得到了验证。此外，当我们从村民的视角来观察他们对于数字普惠金融的了解情况，问及互联网普惠金融应用问题时，虽然 87.51%（定点的比例更高，为 91.89%）的被访者都听说过普惠金融，但是当仔细询问其使用情况时，得到的大多数回答却都是"只使用过支付宝/微信支付"。也就是说，在农户眼中，对于互联网普惠金融的认识还大多仅止步于支付宝/微信支付，相关知识普及和产品推广工作有待加强。

从 2017 年定点县域,入户调研,村民对于互联网普惠金融的知晓度、使用度来看,东北地区落后明显。

表 10—3　　　　　　　　数字普惠金融知晓度的地区差异

是否听说过普惠金融	东北	东部	西部	中部	全样本
是	78%	92%	92%	94%	92%
否	22%	8%	8%	6%	8%

表 10—4　　　　　　　　数字普惠金融使用度的地区差异

是否使用过普惠金融	东北	东部	西部	中部	全样本
是	68%	85%	76%	84%	81%
否	32%	15%	24%	16%	19%

调查还显示,在已经使用互联网普惠金融产品的农户中,若剔除个人消费的应用点,围绕购买化肥农药、经营中的资金周转、教育医疗、财富增值等应用点,有 60.87% 选择了经营中的资金周转,可见农业生产相关经营中的资金支援,是对"三农"工作最重要的支持。

乡村振兴战略的实施,需要汇聚广泛的金融资源和社会力量,这对金融领域,尤其对农村普惠金融的发展来说是一个难得的机遇。而数字化技术的进步,更是为农村数字普惠金融的发展插上了互联网的翅膀。而对于原本就在金融领域擅长的上海财大来说,更是走入新十年的千村调查要持续关注的内容。

2018-05-09

微信链接:https://mp.weixin.qq.com/s/NZ_zU-aDskWMtcU5hcvHeA.

10.9 千村十年,青藏高原上的乡村变迁

十年千村大数据分析的第二篇,我们曾说过,课题组在十年浩瀚的异构数据中进行挖掘的结果,发现有6个乡村分别在上财千村调查的第一年和第十年出现过。

第二篇,我们关注安徽桐城吕亭镇的双联村,通过时间的双联,串起了十年前后的乡村、学生和老师。第三篇,我们把目光聚拢在上海崇明建设镇的虹桥村,见证了十年来大都市的乡村变化。而在这6个十年村中,有一个村极具代表意义,它也是6个村中唯一的一个西部地区乡村,这就是位于青海省海东地区乐都县雨润镇的深沟村。

今天,我们把分析的目光横跨大半个中国,一起来看看2 200公里外青藏高原上这个小乡村的十年变迁。

深沟村(图片来自百度地图)

深沟村主要从事为农业种植业,全村土地规模1 350亩,其中1 340亩耕地,10亩集体建设用地,全村共有436户家庭,常住人口1 513人,"朱"姓是全村第一大姓,高达70%的人姓"朱"。深沟村种植的作物为蚕豆和大蒜,经济状况在同县和同镇中属于中等水平。2008年,改革开放30年之际,我们的千村调查小组第一次来到这里。十年后的2017年,上财千村调查小组再一次来

到了这个距离上海 2 200 公里的村庄。为这个青藏高原上的乡村留下十年发展轨迹的记录者,分别是经济学院 2006 级本科生吕珊珊和信息管理与工程学院 2015 级本科生严子涵、贾晓媛。

2008 年,千村调查入户访问数据记录了深沟村村民的家庭年收入情况,其中 80% 的家庭年收入在 8 000 元以下。

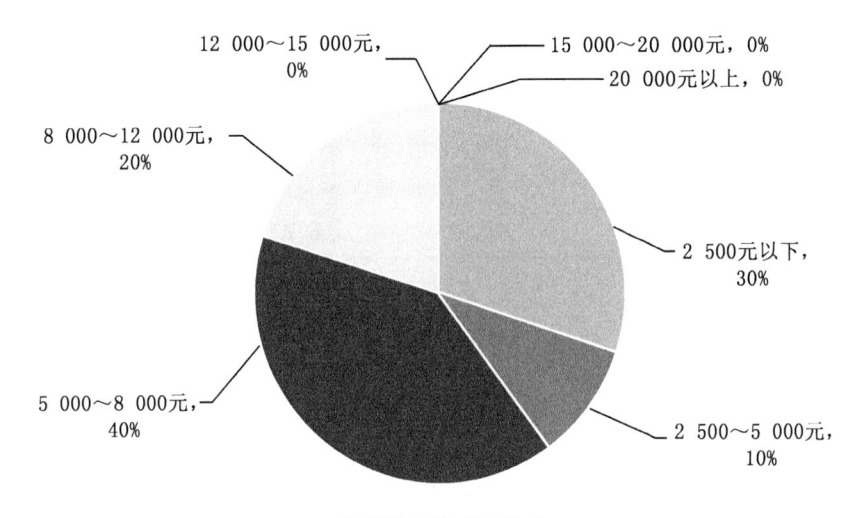

2008 年深沟村家庭年收入

十年后的 2017 年,千村调查入户访问数据也记录了深沟村村民的家庭收入情况,50% 的家庭年收入超过了 20 000 元。

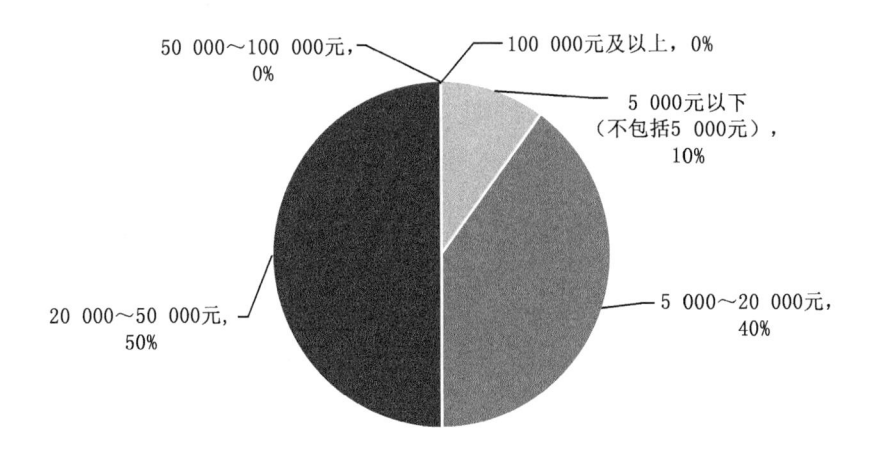

2017 年深沟村家庭年收入

2008年，正值改革开放30年之际，我们曾询问村民"您家的经济状况与十年前相比：改善如何？"，有60%的村民回答改善很多。

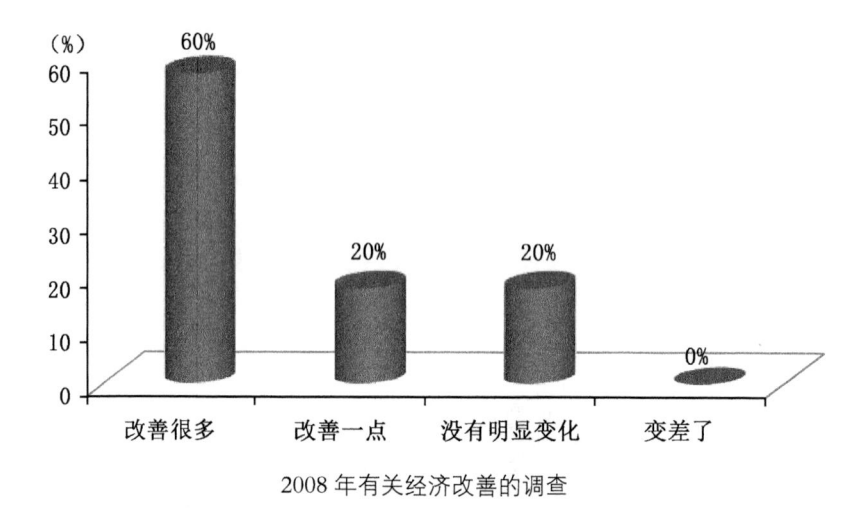

2008年有关经济改善的调查

2008年，我们还曾询问村民"对于目前的日子您感觉生活幸福吗？"，有60%的村民回答比较幸福。

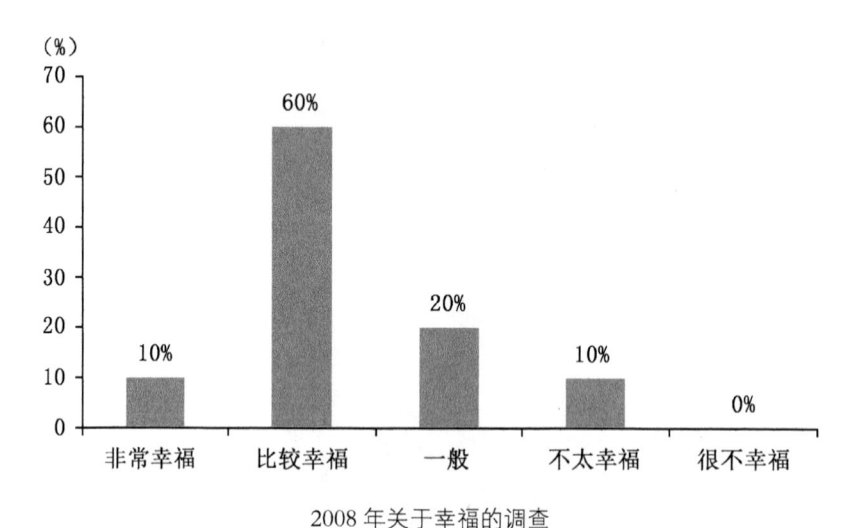

2008年关于幸福的调查

十年后的 2017 年,我们并没有再问同样的问题。但十年时间里,根据我们入户调查的数据显示,深沟村的平均家庭年收入从 2008 年的 5 725 元提高到 2017 年的 22 990 元,增长了 302%,年复合增长率达到 16.7%,充分体现了十年来青藏高原农村生活水平的提高。

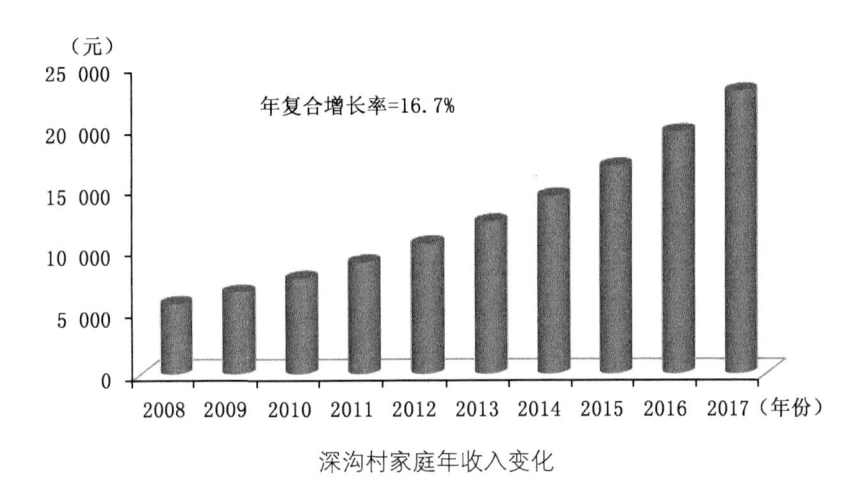

深沟村家庭年收入变化

但是,若与同为十年前的东部地区农村相比,如安徽桐城双联村、上海崇明虹桥村,位于西部地区的青海东部深沟村的收入水平还是落后了很多,农村收入的地区差异仍非常明显。

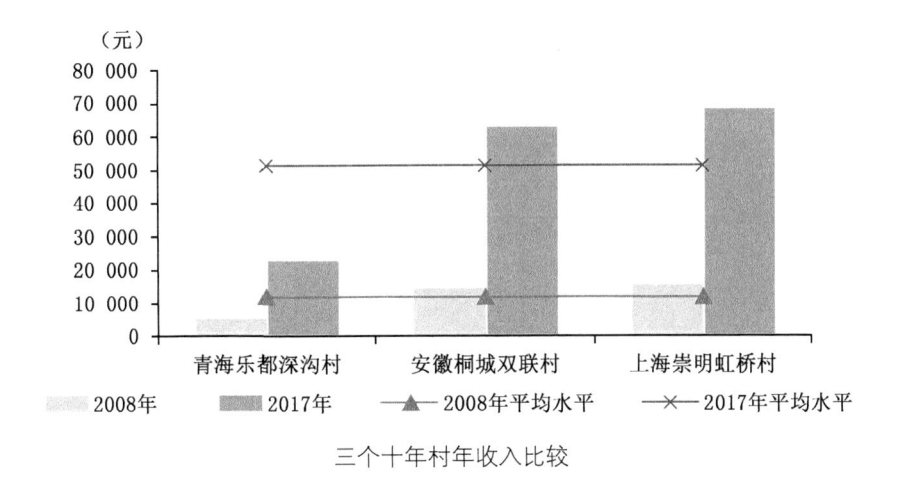

三个十年村年收入比较

我们再换个视角,看看深沟村十年来拥有各类信息相关设备的变化情况。2008年,千村调查入户访问数据记录的深沟村村民家庭拥有各类信息相关设备的情况显示,手机拥有率为60%,而电脑的家庭拥有率为零。

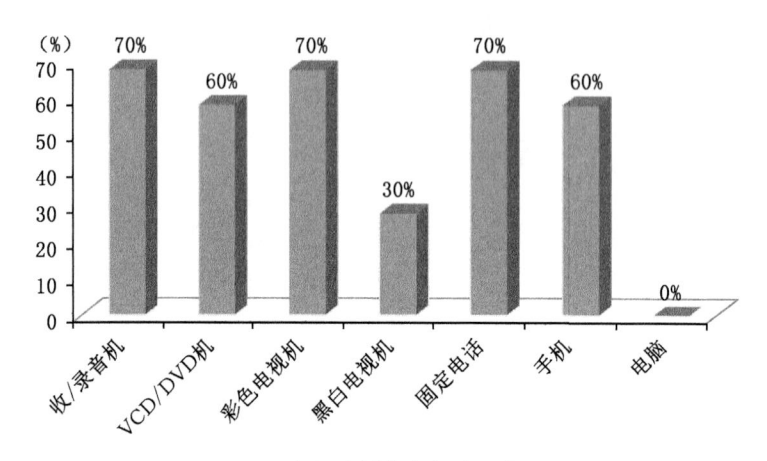

设备	拥有率
收/录音机	70%
VCD/DVD机	60%
彩色电视机	70%
黑白电视机	30%
固定电话	70%
手机	60%
电脑	0%

2008年深沟村信息相关设备

2017年,千村调查入户访问数据记录的深沟村村民家庭拥有各类信息相关设备的情况显示,智能手机拥有率为100%,电脑拥有率已达50%。

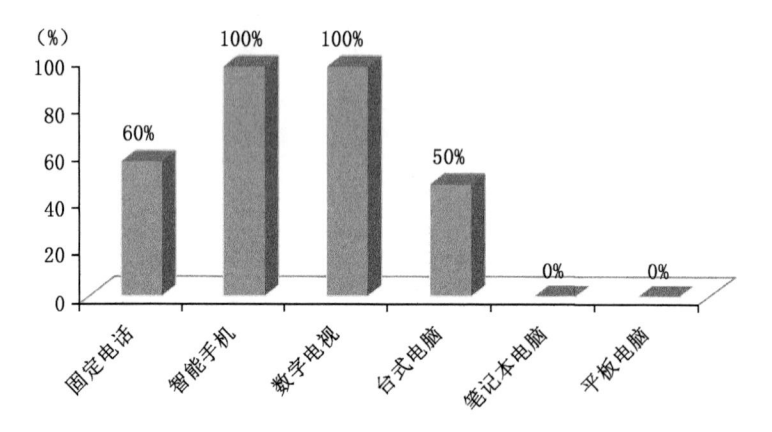

设备	拥有率
固定电话	60%
智能手机	100%
数字电视	100%
台式电脑	50%
笔记本电脑	0%
平板电脑	0%

2017年深沟村信息相关设备拥有率

同样再与同为十年村的安徽桐城双联村、上海崇明虹桥村相比,会欣喜地发现,作为西部地区代表的青海东部深沟村,在信息技术设备的拥有率上,差距并不大,甚至有部分持平或超越。或许这就是数字化帮助西部地区弯道超车,互联网助推西部地区乡村振兴的机遇。

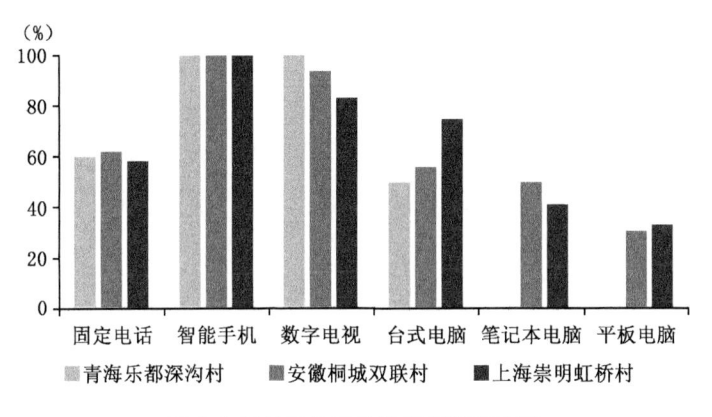

三个十年村信息相关设备拥有率比较

2018-06-19

微信链接:https://mp.weixin.qq.com/s/s7TEk2dRmmRTAj5RMrQ90A.

10.10 千村十年,路

十年千村大数据第十篇的题目只有一个字——路,没错,就是一个"路"字。

从 2008 年到 2017 年,千村十年,走过的是一条走出课堂走出象牙塔在广阔天地培养学生的实践之路。十年来,学子们从东海之滨的上财出发,奔赴祖国各地,深入田间地头,用眼睛观察、用心灵交流、用知识解读、用理论建言。累计参与人数达到 17 111 人,平均每年有 1 711 名学生加入千村调查队伍。

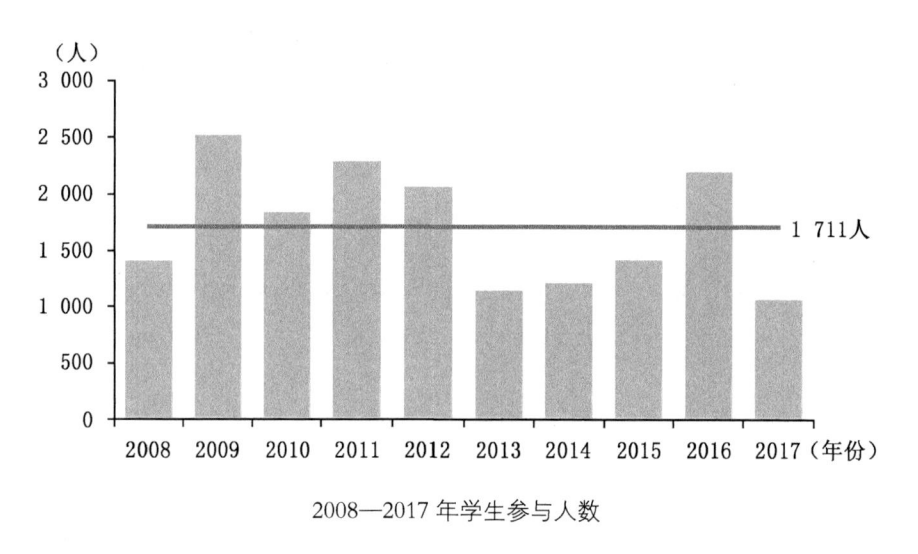

2008—2017 年学生参与人数

从 2008 年到 2017 年,千村十年,走过的是一条用双脚丈量农村最基础细胞——村庄的探索之路。十年来,学子们调研的村庄遍及大陆地区所有 31 个省、市、自治区,2016 年千村调查的村庄之路还加上了香港九龙地区的彩虹邨。十年来,到访村庄数量累计在 500 个以上省份的分别是上海、江苏、浙江、山东,意味着每年会在这几个省市调研 50 个以上的村庄。

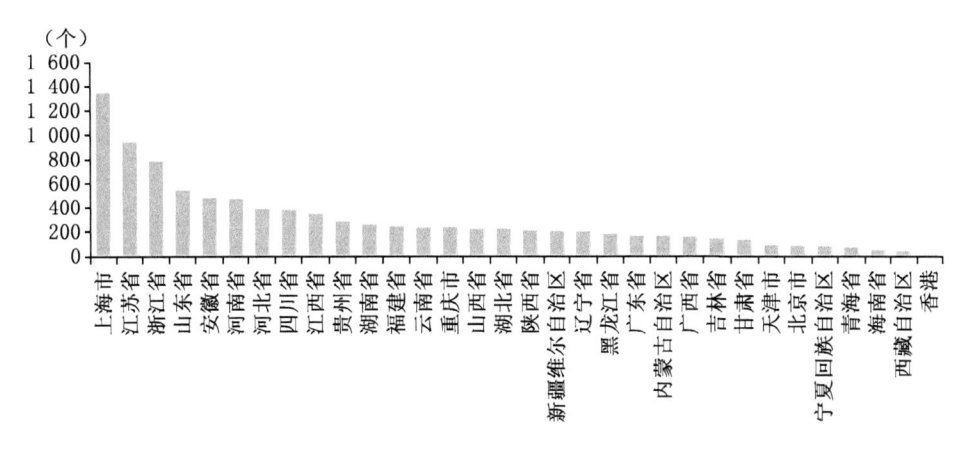

2008—2018年调研的村庄数

从2008年到2017年,千村十年,走过的是一条财经类高校研究以中国农村社会经济状况变化为对象的跟踪之路。十年来,一个个学院的积极参与,每一年的精心选题,清楚地折射了农村发展热点和关注的问题。

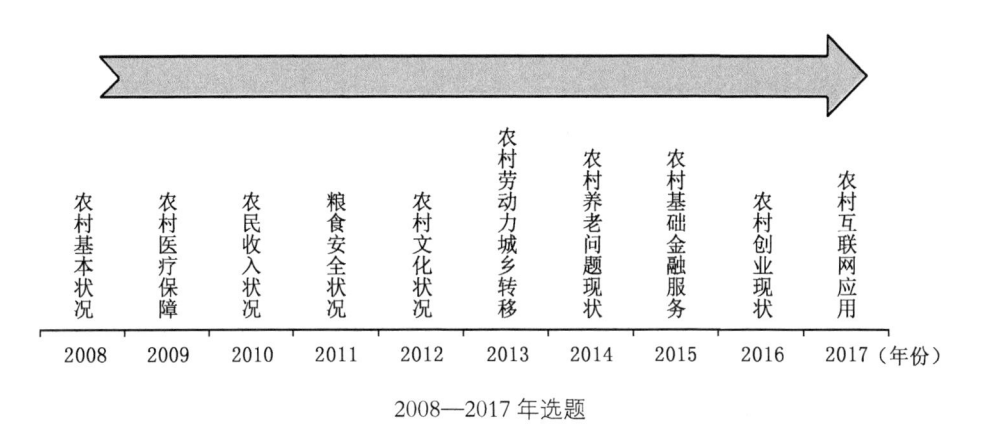

2008—2017年选题

年份	选题
2008	农村基本状况
2009	农村医疗保障
2010	农民收入状况
2011	粮食安全状况
2012	农村文化状况
2013	农村劳动力城乡转移
2014	农村养老问题现状
2015	农村基础金融服务
2016	农村创业现状
2017	农村互联网应用

从2008年到2017年,千村十年,走过的是一条真实记录中国农村家庭收入变化的富裕之路。十年来,根据千村调查的数据记录,农村家庭收入从2008年的62.13%家庭在20 000元以下变成了2017年的68.97%家庭在20 000元以上,农村家庭平均收入从2008年的14 159元提高到2017年的47 009元,是十年前的3.32倍。

2008—2017 年年收入情况

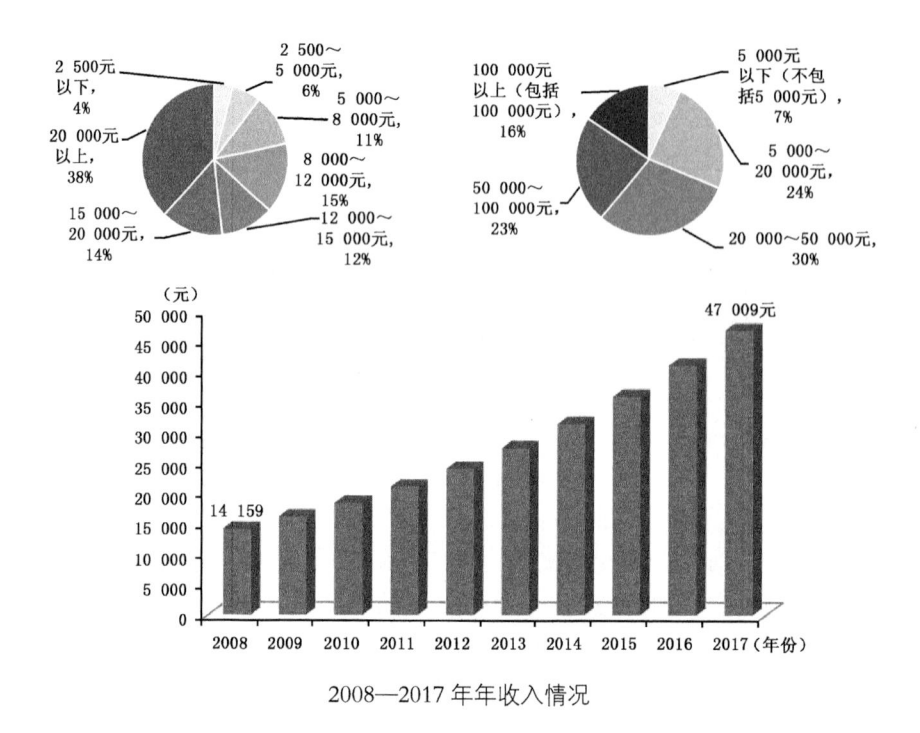

从 2008 年到 2017 年,千村十年,走过的是一条记录中国农村基础设施建设的变化之路。

2018 年中央一号文件,明确实施乡村振兴战略,要把基础设施建设重点放在农村,加快农村公路、供水、供气、环保、电网、物流、信息、广播电视等基础设施建设,推动城乡基础设施互联互通。要求全面推进"四好农村路"建设,加快实施通村组硬化路建设。要求实施数字乡村战略,加快农村地区宽带网络和第四代移动通信网络覆盖步伐。

曾介绍过,从 2013 年起,经过专业的抽样,千村调查项目组在全国设定了 30 个定点县,每年由学校组织专业老师带队进行重点调查。五年来,除个别县略有调整外,30 个定点县为千村调查的大数据积累和分析奠定了良好的可对比基础。

这是千村定点调查中,围绕"村里的主要道路是否硬化?"这一农村基础设施问题,五年来所记录下的变化之路。

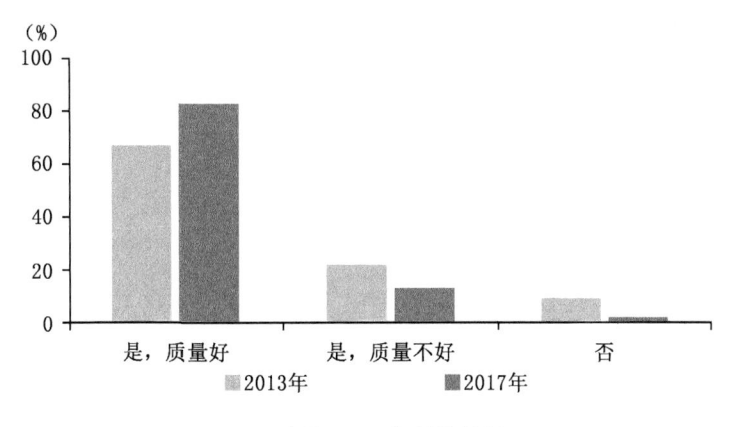

2013 年和 2017 年村路情况

这是千村定点调查中,围绕电话、手机、电脑、互联网在农村的普及率这一信息基础设施问题,五年来所记录下的变化之路。

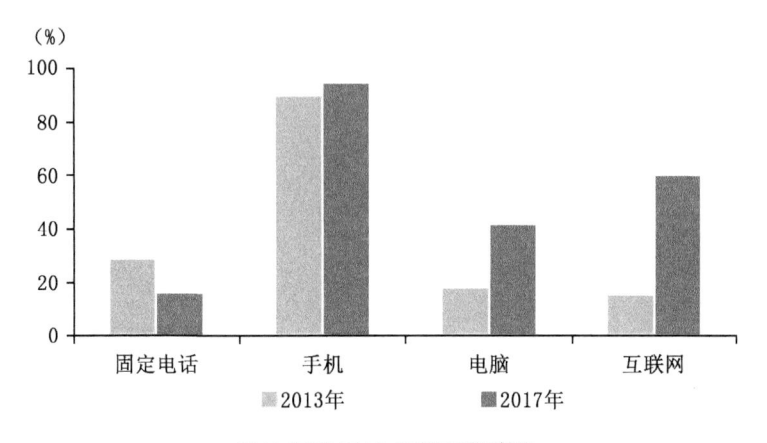

2013 年和 2017 年信息路情况

如果说,村路的硬化是给农村农民铺设了一条通往小康的扎实之路,那么电话、手机、电脑、互联网则是为农村农民开辟了一条信息时代发展的高速公路。无论是硬化的村村通路,还是增速的网络之路,农村基础设施的扎实推进,是在为乡村振兴夯实基础。

那么千村调查队伍的基础又在哪里呢?十年来,参与千村调查的学生绝大部分都是本科生,以上财每年 2 000 名本科生的招生规模,每年平均 1 711 名学生参加千村调查,也就意味着每一届本科生中,有 86% 的学生参与过千村调查。

6月21日,新时代全国高等学校本科教育工作会议在四川成都举行,这是改革开放40年来第一次全国本科教育大会。教育部党组书记、部长陈宝生出席并讲话,强调"人才培养是大学的本质职能,本科教育是大学的根和本"。会议要求全面贯彻落实习近平总书记5月2日在北京大学师生座谈会上重要讲话精神,坚持"以本为本",推进"四个回归"。

而上海财经大学自2008年开始推出的千村调查,正是一项立足大学本科生教育的重要实践活动,项目十年来的坚持,体现的正是"专业知识教育与思想政治教育相结合"的初心,努力实现的正是创新人才培养、教育报国、教育强国之梦。

2018-06-27

微信链接:https://mp.weixin.qq.com/s/0jV49a4yXcSMlS2sGqmbeg.